CARTA-PREFÁCIO
DOS PRINCÍPIOS DA
FILOSOFIA

CARTA-PREFÁCIO DOS PRINCÍPIOS DA FILOSOFIA
Descartes

Apresentação e notas de
DENIS MOREAU

Tradução
HOMERO SANTIAGO

Revisão da tradução
MÁRCIA VALÉRIA MARTINEZ DE AGUIAR

Martins Fontes
São Paulo 2003

Título do original francês: Lettre de L'auteur à celui qui a traduit le livre l'aquelle peut ici servir de Préface.
Título do original francês que serviu de base para a presente edição:
LETTRE-PRÉFACE DES PRINCIPES DE LA PHILOSOPHIE.
Denis Moreau, Introdução e Notas em Descartes,
Lettre-préface des Principes de la philosophie.
Copyright © GF-Flammarion, Paris, 1996.
Copyright © 2003, Livraria Martins Fontes Editora Ltda.,
São Paulo, para a presente edição.

Esta obra foi indicada para publicação por Homero Santiago.

1ª edição
outubro de 2003

Tradução
HOMERO SANTIAGO

Revisão da tradução
Márcia Valéria Martinez de Aguiar
Acompanhamento editorial
Luzia Aparecida dos Santos
Revisões gráficas
Marisa Rosa Teixeira
Maria Regina Ribeiro Machado
Dinarte Zorzanelli da Silva
Produção gráfica
Geraldo Alves
Paginação/Fotolitos
Studio 3 Desenvolvimento Editorial

Dados Internacionais de Catalogação na Publicação (CIP)
(Câmara Brasileira do Livro, SP, Brasil)

Descartes, René, 1596-1650.
 Carta-prefácio dos Princípios da Filosofia / René Descartes ; apresentação e notas de Denis Moreau ; tradução Homero Santiago ; revisão da tradução Márcia Valéria Martinez de Aguiar. – São Paulo : Martins Fontes, 2003. – (Coleção clássicos)

 Título original: Lettre-préface des "Principes de la philosophie".
 Bibliografia.
 ISBN 85-336-1926-X

 1. Descartes, René, 1596-1650. Carta-prefácio dos Princípios de Filosofia – Crítica e interpretação 2. Filosofia francesa I. Moureau, Denis. II. Título. III. Série.

03-5735   CDD-194

Índices para catálogo sistemático:
1. Descartes : Obras filosóficas : Filosofia francesa   194

Todos os direitos desta edição reservados à
Livraria Martins Fontes Editora Ltda.
Rua Conselheiro Ramalho, 330/340 01325-000 São Paulo SP Brasil
Tel. (11) 3241.3677 Fax (11) 3105.6867
e-mail: info@martinsfontes.com.br http://www.martinsfontes.com.br

Índice

Nota sobre os textos VII
Nota da tradução IX
Introdução XI
Cronologia XLIX

Carta-prefácio da edição francesa dos *Princípios da filosofia* 1
Dossiê 31
  I. Os *Princípios da filosofia* 33
  II. A moral provisória 41
  III. Sabedoria e soberano bem 61

Bibliografia 71

Nota sobre os textos

O texto da *Carta-prefácio* dos *Princípios da filosofia* foi estabelecido a partir da edição original de 1647. As maiúsculas foram todas conservadas. Para os outros textos de Descartes, seguimos a edição Adam e Tannery.

As referências aos textos de Descartes remetem: à edição Adam e Tannery (abreviada AT); à edição das *Œuvres philosophiques de Descartes* em três volumes por Ferdinand Alquié (abreviada Alq.); quando for o caso, aos textos publicados na coleção GF-Flammarion (com o número do volume).

Quando as referências completas de uma obra ou de um comentário não são dadas, elas se encontram na bibliografia ao fim do volume.

Nota da tradução

Para as obras de Descartes, substituíram-se as referências às edições da GF-Flammarion, sempre que possível, por remissões à coleção "Clássicos" da Martins Fontes (abrev. MF). Para as citações dos *Princípios da filosofia*, foi utilizada a tradução portuguesa de J. Gama (a única completa disponível). Para uma carta de 15.04.1630, remetemos à tradução (de nossa lavra) publicada na revista *Kriterion*, nº 99, Belo Horizonte, 1999.

Sempre que possível, também nos servimos de traduções para o português de outras obras, indicadas ao lado das referências originais.

Em ambos os casos, vez por outra efetuamos alguma pequena mudança.

À bibliografia final, foram feitos alguns reparos: edições e comentários vernáculos dos *Princípios* foram acrescentados e, havendo tradução de uma obra mencionada, a indicação original foi substituída pela remissão àquela.

INTRODUÇÃO

O tempo de filosofar

> "Nada direi da filosofia..."
> DESCARTES,
> *Discurso do método,*
> primeira parte.

> "Talvez só possamos colocar a questão *O que é a filosofia?* tardiamente, quando chega a velhice [...] Antigamente nós a formulávamos, não deixávamos de formulá-la, mas de maneira muito indireta ou oblíqua, demasiadamente artificial, abstrata demais; expúnhamos a questão, mas dominando-a pela rama, sem deixar-nos engolir por ela. Não estávamos suficientemente sóbrios. Tínhamos muita vontade de fazer filosofia, não nos perguntávamos o que ela era."
> GILLES DELEUZE e FÉLIX GUATTARI,
> *O que é a filosofia?*[1]

Descartes, o "verdadeiro iniciador do pensamento moderno", de quem "não se poderia representar com toda a amplitude a influência exercida sobre sua época e sobre os tempos modernos"[2], esperou o fim da vida para responder à questão que se propõe aos alunos de terminal[3] já na primeira semana de aula: o que é a filosofia? A espera não se deve só a razões históricas, e talvez constitua

....
1. Tradução de Bento Prado Jr. e Alberto Alonso Muñoz, Rio de Janeiro, Ed. 34, 1992, p. 9. (N. do T.)
2. Hegel, *Leçons sur l'histoire de la philosophie*, t. VI, p. 1.384, tradução fr. de P. Garniron, Paris, Vrin, 1985.
3. "Terminal" ou "classe terminal" é a designação dada, no sistema de ensino francês, à classe do último ano do secundário. (N. do T.)

uma lição de filosofia. Se a resposta cartesiana intervém apenas na *Carta-prefácio* dos *Princípios da filosofia*, em 1647, ao termo de um caminho intelectual tão notável quanto decisivo, é porque a filosofia é também ofício de paciência, porque o ritmo do pensamento deve esposar o da vida. Trata-se aqui de tornar-se sábio, cabe perguntar-se o que isso significa e implica, mas não se esquecer de viver esperando achar suas respostas.

Dos Principia *aos* Principes

Em 1644, Descartes publicou um texto latino intitulado *Renati Descartes principia philosophiæ* (*Princípios da filosofia de René Descartes*). Como atesta sua correspondência, trata-se de uma obra há muito projetada e amadurecida, que deve cumprir uma dupla função. Descartes quer recapitular seu pensamento propondo pela primeira vez uma exposição de conjunto de sua filosofia. Quer também dar ao cartesianismo os meios de difundir-se, notadamente nos círculos escolares e universitários.

Os *Principia* recapitulam: serão uma "Suma de filosofia"[4]. Neles encontraremos, por vezes modificados ou desenvolvidos, a quase totalidade dos temas e teses abordados por Descartes nos textos anteriores: a metafísica dada em 1641 nas *Meditationes de prima philosophia* (*Meditações de filosofia primeira*[5]) e em 1637 na quarta parte do *Discurso do método*; uma física fundamental e uma

....

4. Ver a *Carta a Huygens* de 31.01.1642, AT, t. III, p. 523; Alq., t. II, p. 920; e a *Carta a Mersenne* de 22.12.1641, AT, t. III, p. 465.
5. É a obra que hoje se designa mais freqüentemente pelo título da tradução francesa publicada em 1647: as *Méditations métaphysiques*.

explicação do universo contidas no tratado do *Mundo* que Descartes, em 1633, renunciara a publicar para não se opor à autoridade da Igreja, que acabava de condenar Galileu pela segunda vez[6]; os *Ensaios* científicos que acompanhavam o *Discurso do método*[7]. Suma, recapitulativo: os *Principia* não constituem uma exposição de temas novos, mas sim uma exposição nova, e pela primeira vez completa, de um pensamento que alcançou a maturidade.

Mas os *Principia* não são somente o resultado de um trabalho anterior. Redigindo-os, Descartes pensa no futuro: o cartesianismo existe, agora é preciso suscitar cartesianos, discípulos que admitirão e difundirão o pensamento do mestre. Os *Principia*, portanto, serão igualmente um "curso de filosofia"[8], isto é, um manual destinado a servir de apoio nas escolas, especialmente nas dos jesuítas, que Descartes espera então ganhar para sua causa[9]. Essa intenção pedagógica explica em grande parte a forma dos *Principia*: artigos curtos e densos, que se podem ler e comentar um por um, resumidos num "sumário" dado à margem. Ela também confere imediatamente ao texto uma forte significação polêmica, que Descartes nunca esconde-

---

6. Ver o conjunto das cartas que Descartes escreveu a Mersenne de novembro de 1633 a maio de 1634 (AT, t. I, pp. 270-99; Alq., t. I, pp. 487-98). Descartes explica que os princípios de sua física, expostos no *Mundo*, "demonstram evidentemente" "o movimento da terra", e que portanto está de acordo com Galileu nesse ponto.

7. Em 1644, a tradução latina do *Discurso do método* e de dois dos *Ensaios* é agregada, num mesmo volume, ao texto dos *Principia*.

8. Ver Descartes, *Carta a Mersenne* de 11.11.1640, AT, t. III, p. 233; Alq., t. II, p. 275: "... minha intenção é escrever por ordem todo um curso de minha Filosofia em forma de teses, em que, sem nenhuma superfluidade de discurso, porei somente todas as minhas conclusões, com as verdadeiras razões donde as tiro".

9. Ver sobre este ponto o artigo de M. Martinet, *Un manuel subversif, la "Somme philosophique" de René Descartes*.

ra: se o manual ou curso cartesiano for adotado nas escolas, é porque terá substituído os manuais anteriormente utilizados, cujas insuficiências, e mesmo falsidade, ele terá feito aparecer[10]. Os *Principia* são também, pois, um instrumento de combate destinado a fazer triunfar o cartesianismo nos meios intelectuais, e mandar para o museu das curiosidades fora de uso as filosofias que o precederam.

Descartes sem dúvida frustrou-se. Mesmo que os *Principia* tenham suscitado um real interesse, ele teve de recuar em relação ao ameaçador otimismo apregoado no *Discurso do método*:

> Eles [os partidários de Aristóteles] me parecem iguais a um cego que, para lutar sem desvantagem contra alguém que enxerga, levasse-o para o fundo de um porão muito escuro; e posso dizer que estes têm interesse em que eu me abstenha de publicar os princípios da filosofia de que me sirvo; pois, sendo muito simples e muito evidentes, como o são, faria ao publicá-los quase o mesmo que se abrisse algumas janelas e fizesse entrar a luz do dia no porão ao qual desceram para lutar.[11]

Três anos após a publicação dos *Principia*, o início da *Carta-prefácio* de 1647 testemunha assim uma certa amargura: a obra não foi "bem entendida". Os manuais escolásticos continuam em vigor, os jesuítas cartesianos são raros, vez ou outra acossados por sua adesão à nova filo-

---

10. Antes de publicar os *Principia philosophiæ*, Descartes consultou numerosos manuais de filosofia escolásticos então em uso. Por certo tempo até cogitou publicar o texto sob a forma de uma comparação entre esses manuais e o seu, para mostrar a superioridade do último. Mas o projeto, cujos ecos estão no texto da *Carta-prefácio* de 1647, não foi levado a termo.

11. *Discurso do método*, sexta parte, AT, t. VI, p. 71; Alq., t. I, p. 642; MF, p. 78.

sofia; um dos pretensos discípulos em que Descartes tinha esperanças, Régio, compreende mal o pensamento do mestre e briga com ele. Descartes, porém, que não vive seu primeiro revés (o *Discurso do método* não fora um sucesso comercial), não é homem de se deixar desencorajar. Muda de tática portanto: se os doutos e os professores que sabem latim, enviscados em seus preconceitos e prerrogativas de pensadores escolásticos, não foram capazes de compreender sua filosofia, o público cultivado, este sim saberá apreciá-lo: "aqueles que menos aprenderam de tudo quanto foi até aqui nomeado filosofia são os mais capazes de aprender a verdadeira" (AT, t. IX, p. 9)[12]. Um amigo de Descartes, o abade Claude Picot, traduz então os *Principia* para o francês. Os *Principes de la philosophie* aparecem no final do verão de 1647, acompanhados da importante *Lettre-préface* cujo texto damos adiante.

O interesse e o conteúdo particulares dessa *Carta-prefácio* explicam-se, pois, em parte pelas circunstâncias que levaram Descartes a decidir escrevê-la. Trata-se primeiro de um texto de combate, do começo ao fim dirigido contra essa "filosofia da Escola" que resistiu mais do que o previsto aos primeiros assaltos cartesianos. Trata-se em segundo lugar de uma espécie de balanço e manifesto explicativo, que completa os elementos de biografia intelectual dados dez anos antes no *Discurso do método*. Trata-se enfim de um texto redigido para filósofos iniciantes – o que no caso é para Descartes uma qualidade – pouco ou mal instruídos das sutilezas com que se debatem os especialistas. Para esses leitores que terão, espera ele, o frescor e o en-

----

12. Para as citações tiradas da *Carta-prefácio* dos *Princípios da filosofia*, indicamos somente a referência à paginação de Adam e Tannery (dada à margem em nossa edição do texto), sem repetir o título.

tusiasmo dos que começam, Descartes se dá ao trabalho de retornar às questões fundamentais e de apresentar, com renovado esforço, o conjunto de seu projeto filosófico.

Os antigos e o novo

Na *Carta-prefácio* de sua "suma" de filosofia, Descartes às vezes adota uma atitude desconcertante, aparentando acumular os lugares-comuns do antifilosofismo: os filósofos são com freqüência menos sábios que os outros, não foram capazes, em dois mil anos de atividade, de determinar um único enunciado incontestável, perdem seu tempo em disputas estéreis. O resumo panorâmico da história da filosofia (AT, t. IX, pp. 5-7) vai na mesma direção: Platão deu origem aos céticos, Aristóteles aos empiristas ingênuos, os sucessores de ambos desde então se consomem em discussões que levam, na melhor das hipóteses, a "erros extravagantes", na pior, a "heresias e dissensões que afligem agora o mundo". Nessas condições, duas atitudes parecem razoáveis: rejeitar a filosofia, atividade decididamente bem fútil, e mesmo perigosa, e caçoar desse René Descartes que, pretendendo fazer melhor que seus predecessores, vai acrescentar um episódio à longa e deplorável história dos fracassos filosóficos.

Mas Descartes pretende efetivamente fazer melhor, e pede que seja levado a sério. Observar-se-á assim que ele nunca põe a culpa *na filosofia*, que pelo contrário é objeto de belos elogios, mas *nas filosofias* daqueles que filosofaram antes dele. As críticas anteriores, portanto, visam criar um efeito de contraste: trata-se de fazer aparecer a radical originalidade de um pensamento que, onde todos os outros levaram apenas ao duvidoso, ao confuso, ao caótico e ao inútil, pretende alcançar o certo, o claro, o organizado e o útil. Descartes, sabemos, é o filósofo do começo: do passado faz tábua rasa, pois a filosofia inteira está para ser refeita; ele se gaba de ser o primeiro a constituir, enfim, uma filosofia digna desse nome.

Outras passagens da *Carta-prefácio* vêm entretanto nuançar e complicar esse esquema geral: "Todas as verdades que ponho entre meus princípios [foram] conhecidas desde sempre por todo o mundo" (AT, t. IX, p. 10)[13]. Como conciliar esse vínculo com o arcaico, essa inscrição do cartesianismo numa tradição, e a reivindicação de ruptura e novidade anteriormente examinada? É preciso, em primeiro lugar, relembrar aquilo a que a posteridade deu o nome de "inatismo cartesiano". Segundo Descartes, a verdade por certo nunca é dada inteiramente constituída, mas todos os homens possuem as capacidades intelectuais e as "sementes de verdades" que permitem (re)descobri-la, por pouco esforço que façam para pensar seguindo as regras e procedimentos adequados. Desse ponto de vista, a verdade não tem história. Ela pôde ser obscurecida pelos preconceitos dos maus filósofos, depois perdida ao longo do discurso submetido à lógica da catástrofe que governa o pensamento: o falso engendra o falso. Porém, ela permanece sempre disponível para quem faz o esforço de usar convenientemente suas capacidades naturais, esquiva-se assim à história que fez do erro tradição e retorna às verdades simples que os filósofos não teriam esquecido se tivessem sido mais circunspectos:

....

13. Entre outros inúmeros textos cartesianos no mesmo sentido, ver *Princípios da filosofia*, IV, § 200, AT., t. IX, p. 318; Alq., t. III, p. 515: "Este tratado só contém os princípios aceitos desde sempre por todo o mundo. E por isso esta filosofia não é nova mas a mais antiga e a mais comum de todas."

> Certas primeiras sementes de verdade, depositadas pela natureza no espírito humano, e que nós sufocamos em nós lendo e executando todos os dias tantos erros de toda espécie, tinham tanta força nessa ingênua e simples antiguidade [que os filósofos antigos tinham] das idéias verdadeiras em matéria de filosofia e de matemática, apesar de eles nunca terem podido desenvolver essas ciências até a perfeição.[14]

Em segundo lugar, Descartes não quer (somente) produzir verdades inéditas. Tenciona ainda precisar e utilizar de maneira nova verdades já identificadas:

> Ainda que todas as verdades que ponho entre meus princípios tenham sido conhecidas desde sempre por todo o mundo, não houve todavia ninguém até o presente, que eu saiba, que as tenha reconhecido como os princípios da filosofia, isto é, como tais que se possa delas deduzir o conhecimento de todas as outras coisas que há no mundo. (AT, t. IX, pp. 10-1)

A significação e o alcance duma verdade filosófica não se reduzem portanto ao enunciado lapidar que a apresenta. Eles dependem também do lugar e da função atribuídos a essa verdade no edifício do saber. Comentando as semelhanças observadas por numerosos leitores de Descartes entre o famoso *cogito* e textos de Santo Agostinho[15], Pascal depreendeu perfeitamente esse ponto:

---

14. *Regras para a orientação do espírito*, IV, AT, t. X, p. 376; Alq., t. I, p. 96; MF, p. 25.
15. Dentre os que efetuaram a aproximação, citemos Antoine Arnauld (*Quartas objeções*, AT, t. IX, p. 154; Alq., t. II, pp. 633-4; GF nº 328, pp. 322-3; *Carta a Descartes* de 03.06.1648, AT, t. V, p. 186).

Gostaria de perguntar às pessoas eqüitativas se este princípio [...] "penso, logo existo", [é], com efeito, o mesmo no espírito de Descartes e no de Santo Agostinho, que disse a mesma coisa mil e duzentos anos antes. Na verdade, estou muito longe de afirmar que Descartes não teria sido seu verdadeiro autor, mesmo quando o possa ter aprendido na leitura desse grande santo. Sei bem quanta diferença há entre escrever uma frase à aventura, sem profunda e longa reflexão, e uma outra em que há um admirável encadeado de conseqüências que provam a distinção das naturezas material e espiritual, e se estabelece um princípio estável, apoiado inteiramente na física, como Descartes pretendeu fazer [...] Um dirá algo de si próprio sem lhe compreender o alcance, um outro extrairá disso um encadeado maravilhoso de conseqüências que nos permite dizer, ousadamente, que já não se trata da mesma frase, e que portanto não a deve àquele com quem a aprendeu, tal como uma árvore admirável não pertencerá àquele que lançou a semente a uma terra abundante sem que pensasse, ou sequer reconhecesse, que a tinha aproveitado pela sua fertilidade.[16]

Em filosofia existem pois efeitos de estrutura e arranjo: estritamente falando, um mesmo enunciado não é *a mesma* verdade quando pensamos nele de passagem e quando dele fazemos, como Descartes, o primeiro princípio da filosofia, um ponto de partida indubitável e fecundo. Descartes talvez não seja o primeiro a dizer "penso, logo existo", mas é o primeiro a tirar daí as conseqüências que tira. Ele soube fazer algo novo com algo antigo.

Retornar, após séculos de esquecimento, às verdades disponíveis mas perdidas; saber servir-se melhor que os

---

16. Pascal, *Do espírito geométrico e da arte de persuadir*, em Pascal, *Œuvres complètes*, Paris, Seuil, coleção "L'intégrale", 1963, p. 358; *Opúsculos*, tradução de Alberto Ferreira, Lisboa, Guimarães, s.d., pp. 112-3.

outros de verdades já conhecidas mas mal exploradas. Esse duplo movimento, que faz do discurso cartesiano um objeto ambivalente em que se conjugam vontade de inovar e inscrição numa história, explica a espantosa mescla de orgulho altivo e modéstia cândida que caracteriza o tom da *Carta-prefácio* dos *Princípios*. Descartes quer ser o primeiro a pensar plenamente o evidente e a dizer o que nunca deveria ter sido calado.

Filosofia, sabedoria, princípios

... a palavra filosofia significa o estudo da sabedoria, e [...] por sabedoria entende-se não só a prudência nos negócios, mas um perfeito conhecimento de todas as coisas que o homem pode saber, tanto para a conduta de sua vida como para a conservação de sua saúde, e a invenção de todas as artes. (AT, t. IX, p. 2)

Sabedoria.* "Não só... mas": hoje, mais ainda que no século dezessete, é preciso tomar cuidado com uma tendência a restringir o sentido da palavra sabedoria. Uma primeira restrição merece ser examinada: ver em "sábio" apenas um adjetivo que qualifica uma prática comedida e judiciosa, como quando se diz de uma criança que ela é "*sage* (bem comportada) e razoável" para significar que

....

* O termo "sage" em francês designava predominantemente, no século XVII, aquele que agia virtuosamente e com moderação, sentido preponderante até hoje. Por isso, quando se diz em francês corrente que uma criança é "sage" quer-se significar que ela é boazinha e comportada, e não que seja "sábia". O mesmo termo designa os sábios da Antiguidade grega, sendo um sinônimo de filósofo.

A palavra "sagesse" teve a mesma evolução: "sagesse" designa conhecimentos teológicos ou filosóficos, mas tem também o sentido corrente de é calma e boazinha ou que os idosos dão "sábios conselhos" quando querem moderar os ardores da juventude. Essa sabedoria não é verdadeiramente uma sabedoria: é o efeito fortuito de experiências acumuladas, de uma adestração ou de um hábito, de encontros e leituras (ver AT, t. IX, p. 5); ela se traduz em comportamentos que poderemos, querendo, qualificar de virtuosos, mas que não se fundam num "perfeito conhecimento" do que é verdadeiro pensar e bom fazer. Para determinar completamente a idéia de sabedoria, é preciso acrescentar à idéia de virtude a de um saber obtido ao termo de uma paciente reflexão, "o que se nomeia propriamente filosofar" (AT, t. IX, p. 2).

Quer dizer, como a tradução de "filosofia" por "estudo da sabedoria" poderia deixar supor, que a sabedoria segundo Descartes reduz-se à pesquisa e depois à posse de uma teoria, e se define assim exaustivamente pelo conhecimento verdadeiro? Tampouco isso. Esta restrição intelectualista é tão mal-vinda quanto a anterior. A sabedoria caracteriza-se igualmente pelo que Descartes várias vezes chama sua "utilidade": o saber que ela envolve tem aplicações práticas nas artes (as técnicas), na medicina e na moral.

Nem pequena sabedoria daquele que não faz (em demasia) besteiras, nem acumulação de conhecimento exatos mas estéreis, a sabedoria une indissociavelmente teoria e prática. Da primeira recebe a certeza de um saber verdadeiro; da segunda, seu desenvolvimento frutuoso em aplicações concretas.

....

prudência ou circunspecção. Daí o alerta do autor desta Introdução. Sobre a evolução dos termos "sage" e "sagesse", cf. *Le Robert, Dictionnaire historique de la langue française*, sob a direção de Alain Rey, Dictionnaires Le Robert, Paris. (N. do R.)

Princípios. Não é menos certo que cumpre primeiro constituir um saber verdadeiro. Como construí-lo? É preciso, diz Descartes, partir de "princípios". Mais uma vez, a significação atual do termo pode induzir em erro: o princípio cartesiano não tem nada a ver com as regras estritas e convencionais daquele que se aferra rigidamente a princípios. O sentido está mais próximo daquele do latim *principium* (o começo) ou *princeps* (o primeiro, aquele que ocupa o primeiro lugar). Daí as duas condições que definem a verdade dos "verdadeiros princípios" e permitem diferenciá-los dos falsos. Os princípios devem ser "tão claros e evidentes que o espírito humano não possa duvidar de sua verdade ao aplicar-se atentamente a considerá-los"; por outro lado é preciso "que deles dependa o conhecimento das outras coisas, de forma que eles possam ser conhecidos sem elas, mas não reciprocamente elas sem eles" (AT, t. IX, p. 2; ver também p. 9, que resume: os princípios devem ser "claríssimos" e "se podem deles deduzir todas as outras coisas"). O princípio então deve ser indubitável, o que levará a negar a qualidade de princípio a todo enunciado que aparecer não só como falso mas também como duvidoso; ele deve ser epistemologicamente auto-suficiente, isto é, não depender de um outro conhecimento; deve enfim ser teoricamente fecundo, isto é, permitir atingir, por via de dedução, outros conhecimentos que dependem dele.

Rigorosamente falando, um só princípio cartesiano satisfaz a essa tripla exigência, e ele recebe por conseguinte a denominação quase tautológica de "primeiro princípio"[17]: o *cogito*, que não é abalado por nada, que não é

---

17. Ver AT, t. IX, p. 10: "... tomei o ser ou a existência desse pensamento como o primeiro princípio"; *Discurso do método*, quarta parte, AT, t. VI, p. 32;

precedido por nada visto ser a primeira verdade que resiste à prova da dúvida, e que será o ponto de partida que permite a edificação da nova filosofia. Mas, num sentido mais amplo, poder-se-á também chamar de "princípio" toda verdade indubitável deduzida desse primeiro princípio e que por sua vez permita deduzir outras verdades. Nesse segundo sentido, o plural está autorizado: haverá princípios, isto é, verdades indubitáveis, fecundas e gerais[18], que se seguirão uma à outra em série(s) ordenada(s).

Essa definição cartesiana do princípio suscita, enfim, uma observação: mesmo que seu projeto inicial fosse escrever uma "suma de filosofia", Descartes terminou publicando *Princípios da filosofia*, e não uma *Filosofia* apenas. Assim, a obra não pretende apresentar a totalidade do saber verdadeiro, mas o conjunto das verdades fundamentais que irão permitir a edificação desse saber. Descartes quer, portanto, menos acabar ou fechar a filosofia que legar aos que pensarão depois dele bases seguras para continuá-la.

A árvore da filosofia

Assim, toda a filosofia é como uma árvore cujas raízes são a metafísica, o tronco é a física e os galhos que saem do

---

Alq., t. I, p. 603; MF, p. 38: "E, notando que esta verdade – *penso, logo existo* – era tão firme e tão certa que todas as mais extravagantes suposições dos cépticos não eram capazes de a abalar, julguei que podia admiti-la sem escrúpulo como o primeiro princípio da filosofia que buscava"; e a difícil *Carta a Clerselier* de junho ou julho de 1646, dada em nosso dossiê.

18. Ver o plano dos *Princípios da filosofia* dado em AT, t. IX, p. 16: "a primeira [parte] contém os princípios do conhecimento, que é o que se pode nomear a primeira filosofia, ou então metafísica [...] As outras três partes contêm tudo o que há de mais geral na física".

tronco são todas as outras ciências, que se reduzem a três principais, a saber, a medicina, a mecânica e a moral; falo da mais alta e perfeita moral, que, pressupondo um completo conhecimento das outras ciências, é o último grau da sabedoria." (AT, t. IX, p. 14)

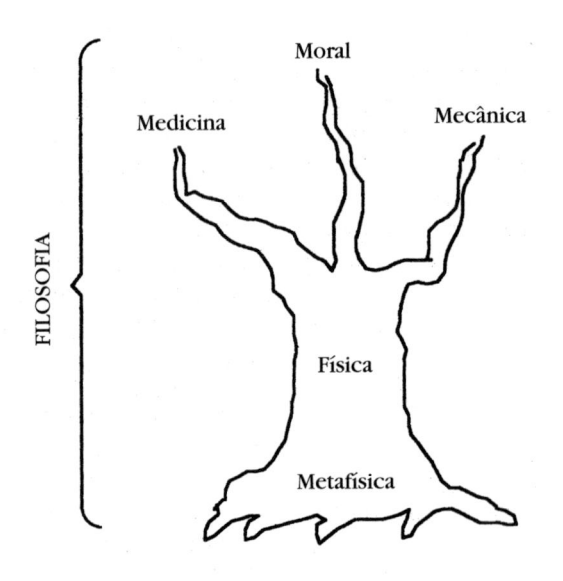

```
                    Moral
        Medicina           Mecânica

FILOSOFIA

                    Física

                  Metafísica
```

Essa famosa comparação revela-se, pela análise, de grande riqueza. Primeiramente caberia situá-la numa história simbólica da literatura sapiencial e filosófica, que amiúde faz da árvore a fonte e o emblema do saber. Encontraríamos, entre outras, "a árvore do conhecimento do bem e do mal" que a Bíblia situa no meio do jardim do Éden[19], o "carvalho de Dodona" de que vieram, segundo Sócra-

---

19. Ver **Gênesis**, 2, 9: "Deus fez crescer do solo toda espécie de árvores formosas de ver e boas de comer, e a árvore da vida no meio do jardim, e a árvore do conhecimento do bem e do mal."

tes, as "primeiras adivinhações"[20], as bem numerosas representações antigas e medievais da árvore da ciência[21]. Mais modestamente, limitar-nos-emos abaixo a algumas indicações para uma elucidação interna da comparação.

Unidade; sistema. Em Descartes, o saber humano é essencialmente uno, e se diz no singular. Onde hoje talvez falássemos de um bosque ou de uma sebe do saber para sugerir as relações, se não existentes, ao menos problemáticas de diferentes disciplinas, a imagem da árvore impõe a unidade de domínios certamente distintos, mas sistematicamente coordenados numa totalidade orgânica que os reúne e distribui: "A unidade do saber visado por Descartes substitui a diferenciação das ciências conforme seu objeto se refira a determinado gênero de ser pela ordem das verdades, 'na medida em que o conhecimento de umas pode advir do conhecimento de outras'."[22] Para nós, modernos, a árvore cartesiana tem um sabor de nostalgia. Evoca uma unidade perdida, uma totalidade ausente cujo desaparecimento hoje consumado talvez se inicie em meados do século XVIII, quando Diderot e d'Alembert publicam a *Enciclopédia*. Se os temas da ordem, da unidade e da sistematicidade do saber tranqüilamente subentendidos pela comparação cartesiana freqüentam ainda o projeto enciclopedista, fazem-no doravante como pro-

....
20. Ver Platão, *Fedro*, 275 b: "Dizem os sacerdotes do templo de Zeus em Dodona que as primeiras profecias foram feitas por um carvalho."
21. Ver também o artigo de R. Ariew, *Descartes and the Tree of Knowledge*, que compara a árvore cartesiana a diferentes classificações das ciências dos séculos XVII e XVIII.
22. G. Rodis-Lewis, *La morale de Descartes*, p. 30. A última parte da frase é uma citação das *Regras para a orientação do espírito*, AT, t. X, p. 381; Alq., t. I, pp. 100-1; MF, p. 31.

blemas. Com certeza, no *Discurso preliminar*, Diderot e d'Alembert apresentam uma "árvore enciclopédica dos conhecimentos" (quase inteiramente tomada ao filósofo inglês Francis Bacon) que seria preciso comparar termo a termo com a de Descartes. Certamente trata-se ainda de expor, "sobre cada ciência e cada arte, seja liberal, seja mecânica, *princípios gerais* que são sua base"[23]. Mas a árvore fendeu-se, e o saber humano desarticula-se, antes de rebentar. A *Enciclopédia* é uma tentativa heróica de perceber uma ordem que se esfuma:

> O sistema geral das ciências e das artes é uma espécie de labirinto, de caminho tortuoso, no qual o espírito lança-se sem conhecer muito bem o caminho que deve seguir.[24] Se é amiúde difícil reduzir a um pequeno número de regras ou noções gerais cada ciência ou cada arte em particular, não o é menos encerrar num sistema que seja uno os ramos infinitamente variados da ciência humana.[25]

À imagem da árvore sobrepõe-se então a do mapa-múndi (uma multidão de pontos e de países cuja localização constatamos, sem a produzir ou ordenar), com o que ela implica de arbitrário na escolha do sistema de projeção utilizado:

> Assim como nos mapas gerais do globo que habitamos, os objetos são mais ou menos próximos e apresentam um

---

23. D'Alembert, *Discurso preliminar* da *Enciclopédia*, GF nº 426, p. 76; grifo nosso.
24. D'Alembert, ob. cit., p. 111. Cf. a quinta das *Regras para a orientação do espírito*, AT, t. X, pp. 379-80; Alq., t. I, p. 100; MF, p. 29, em que Descartes compara o método ao "fio de Teseu" (ou "fio de Ariadne") para "penetrar no labirinto".
25. D'Alembert, ob. cit., p. 76.

aspecto diferente segundo o ponto de vista em que o olho é situado pelo geógrafo que constrói o mapa, do mesmo modo a forma da árvore enciclopédica dependerá do ponto de vista em que for colocada [...] Logo, pode-se imaginar tantos sistemas diferentes do conhecimento humano quantos mapas-múndi de diferentes projeções.[26]

Filosofia e ciências. A filosofia, ou seja, a totalidade da árvore cartesiana, abarca um domínio muito mais amplo do que aquele que hoje concedemos espontaneamente aos filósofos de profissão (e que se poderia dizer que corresponde, exceptuando-se a moral, ao que Descartes chama de metafísica). Em Descartes não há corte ou abismo entre filosofia e ciências. Por que essa afirmação nos parece quase inconveniente? Porque nos acostumamos a instaurar, entre filosofia e ciência, uma estrita divisão de objetos e modalidades de discurso: ao cientista, a descoberta de estruturas e leis que permitem adiantar conclusões seguras sobre a natureza e o comportamento de realidades concretas, palpáveis; ao filósofo, as conjecturas inverificáveis sobre seres problemáticos (Deus, a alma), cuja própria existência é discutível. Correto ou não, o esquema constitui um entrave à compreensão do que Descartes entende por filosofia. Se quisermos compreender Descartes, será pois preciso fazer por um tempo que será certamente desconcertante um esforço para esquecer esse esquema e percorrer a árvore cartesiana para perceber-lhe a lógica.

Raízes-metafísica. A *Carta-prefácio* dos *Princípios* define a metafísica por seus objetos: Deus, o espírito huma-

---

26. D'Alembert, ob. cit., p. 113.

no e "todas as noções claras e simples que estão em nós" (AT, t. IX, p. 14). A metafísica apresenta-se então como o saber do imaterial, o que determina sua especificidade em relação à física-tronco. Por que a metafísica está na raiz? Porque o cartesianismo é um pensamento que leva ao extremo a exigência e a radicalidade de um procedimento fundador. Não poderíamos encarar a obtenção de um saber certo, em qualquer domínio que fosse, se *primeiro* não respondêssemos a uma série de questões fundamentais que concernem propriamente à metafísica tal como Descartes a define: acaso Deus existe, ele é ou não enganador? O que sou eu, eu que quero saber? O que penso e como? Se esses "fundamentos" não são seguros, nada poderá sê-lo, tal como parte alguma de um edifício é sólida se as fundações são instáveis[27]. Como, com efeito, pensar bem a natureza se não sabemos o que somos, nós que a pensamos, e se não sabemos o que é o Deus que a criou? Não há física sem metafísica: para construir uma ciência certa, são necessários princípios metafísicos que também o sejam. Descartes quer dar a esses "primeiros princípios do conhecimento" uma certeza absoluta e fazer da metafísica uma ciência "mais clara e mais certa do que as demonstrações feitas anteriormente pelos geômetras"[28]. Será

....

27. Esta metáfora arquitetônica é recorrente nos textos cartesianos que colocam a questão do fundamento e da constituição do saber. Ver, por exemplo, *Discurso do método*, segunda parte, AT, t. VI, pp. 13-4; Alq., t. I, p. 581; MF, pp. 17-8. Sobre a articulação entre metafísica e física, ver também as *Cartas a Mersenne* de 15.04.1630, AT, t. I, p. 144; Alq., t. I, p. 259; trad., p. 122, e de 11.11.1640, AT, t. III, p. 233; Alq., t. II, p. 275.

28. *Discurso do método*, quinta parte, AT, t. VI, p. 41; Alq., t. I, pp. 613-4; MF, p. 47. Ver também a *Carta a Mersenne* de 15.04.1630, AT, t. I, p. 144; Alq., t. I, p. 259; trad., p. 122: "... penso ter encontrado como se pode demonstrar as verdades metafísicas, de uma forma que é mais evidente do que as demonstrações de geometria".

preciso *provar* a existência de Deus e a natureza imaterial de nosso espírito, substância pensante. Formulemos de outro modo a mesma observação: segundo Descartes, as ciências não asseguram de maneira autônoma a validade de seus resultados. Para fundar a verdade dos enunciados científicos, é preciso que se tenha previamente questionado e definitivamente elucidado suas condições de possibilidade metafísicas.

Uma interrogação decorre dessa exigência cartesiana. Quando se renunciou a provar a existência (ou inexistência) de Deus, quando já não se sabe muito bem o que se é (espírito? matéria? um pouco de ambos?), quando, em suma, se abandonou a idéia de uma metafísica que poderia alcançar resultados certos, o que se pode ainda pretender saber? Qual estatuto dar a nossas ciências, que renunciamos a fundar?

Tronco e galhos. A metafísica-raízes inaugura e funda uma física-tronco, uma ciência geral do mundo material. O próprio tronco permite o desenvolvimento de três galhos principais: a (ou as) mecânica(s), ciência das máquinas, que permite tanto tornar a natureza mais habitável ao homem quanto enviar foguetes ao espaço; a medicina, que visa ao bom funcionamento desse cantão particular do mundo material que é o corpo humano; a moral, enfim, que é como o acabamento e o ponto de encontro de todos os outros saberes, uma vez que se interessa pelo homem na medida em que ele é a união de um espírito imaterial e de um corpo.

Aonde foram parar as matemáticas? As matemáticas não aparecem na árvore da filosofia. Essa ausência é espantosa, sobretudo se lembrarmos que as matemáticas constituem desde a antigüidade o modelo do conhecimento certo e que a posteridade viu, com razão, em Descartes um grande matemático. Segundo Descartes, porém, a filosofia ocupa-se prioritariamente do que existe, do real e não do possível. Ora, os objetos das matemáticas, ciência fundamentalmente "pura e abstrata"[29], são simples idealidades. Não cabe pois incluir as matemáticas entre os domínios de que se ocupa a filosofia. Nem por isso deve-se ignorá-las: Descartes aconselha em primeiro lugar praticar as matemáticas para acostumar o espírito a raciocínios rigorosos sobre as idéias claras (ver abaixo, Filosofar: preparativos, paciência); em segundo lugar, quando aplicadas à realidade, elas fornecem os instrumentos de cálculo necessários à constituição da física[30].

Orientação. A árvore da filosofia não é somente um esquema geral de organização dos saberes certos. Ela indica também a ordem lógica e cronológica de engendramento deles e permite assim orientar o procedimento do filósofo, em nome de uma verdade simples: na macieira, interessam as maçãs. Ou, em termos mais apurados, "como

---

29. Ver o texto latino da *Quinta meditação*, AT, t. VII, p. 65; Alq., t. II, p. 216; GF nº 328, p. 158: "pura atque abstracta mathesis"; e o texto latino do sumário dos *Principia philosophiæ*, II, § 64, AT, t. VIII, p. 78: "mathesis abstracta".

30. Ver a *Carta a Mersenne* de 27.07.1638, AT, t. II, p. 268, em que Descartes explica que decidiu não se consagrar mais à "geometria abstrata, ou seja, à investigação das questões que servem apenas para exercitar o espírito", mas conta "cultivar um outro tipo de geometria, que se propõe a explicação dos fenômenos da natureza; pois [...] toda minha física não é mais que geometria". Sobre a complexa articulação entre matemática e física, ver F. de Buzon e V. Carraud, *Descartes et les Principia II. Corps et mouvement*, pp. 121-6; sobre as dificuldades conceituais trazidas pela exclusão das matemáticas da árvore da filosofia, ver R. Ariew, art. cit., pp. 111-3.

não é das raízes nem do tronco das árvores que se colhem os frutos, mas somente das extremidades de seus galhos, assim a principal utilidade da filosofia depende daquelas de suas partes que só podem ser aprendidas por último" (AT, t. IX, p. 15). Filosofar bem consiste pois em efetuar um percurso que parte do fundamental (a metafísica) e vai até o útil, as ciências particulares que nos permitem agir sobre o mundo, manter nosso corpo em bom estado e responder à questão "que fazer?". Há por conseguinte três maneiras de não efetuar ou de mal efetuar esse percurso, e correlativamente três figuras do mau filósofo, segundo Descartes.

(1) O utilitarista impaciente: de saída ele quer os galhos e os frutos, os resultados úteis, e não tem paciência de passar pelo momento fundador da metafísica. Precipita-se demais, e se enganará. Suas ciências serão duvidosas e sua moral vacilante.

(2) O metafísico estagnado: contenta-se com as raízes, passa a vida a ruminar complacentemente grandes questões metafísicas. Ele não compreendeu que, se o filósofo deve em dado momento fazer-se metafísico, não deve assim permanecer e contentar-se com essa atividade. Ele será objeto das chacotas, no caso justificadas, dos que estimam que a filosofia de nada serve, pois nutrirá a caricatura do filósofo perdido em suas reflexões nebulosas e apartado do concreto. Terá perdido seu tempo: é preciso consagrar à metafísica apenas "pouquíssimas horas por ano"[31].

....

31. *Carta a Elisabete* de 28.06.1643, AT, t. III, p. 692; Alq., t. III, p. 45; GF nº 513, pp. 74-6. Ver também pp. 695-48: "Enfim, como creio que é extremamente necessário ter compreendido bem, uma vez na vida, os princípios da metafísica, porque são eles que nos dão o conhecimento de Deus e de nossa alma, creio também que seria prejudicial ocupar com freqüência o intelecto meditando-os."

(3) Aquele que vai sentido errado: em vez de procurar as conseqüências úteis, tronco e galhos, das raízes metafísicas, faz filosofia às avessas perguntando-se se não haveria algo sob as raízes:

> Em que solo encontram as raízes da árvore da filosofia seu apoio? De que chão recebem as raízes e, através delas, toda a árvore, as seivas e forças alimentadoras? Qual o elemento que percorre oculto no solo as raízes que dão apoio e alimento à árvore? Em que repousa e se movimenta a metafísica? O que é a metafísica vista desde seu fundamento?[32]

Este talvez nunca termine de interrogar-se: mas em que se enraíza o solo onde se enraízam as raízes? A toda hora afrontará uma questão vertiginosa e ignorada por Descartes, a que Heidegger chama a "questão do Ser":

> No jardim, há uma árvore. Dela dizemos: a árvore é de belo talhe. É uma macieira. Deu poucos frutos este ano. Os pássaros cantores gostam de visitá-la. O arboricultor poderia dizer ainda mais sobre ela. O cientista botânico que representa a árvore como um vegetal pode estabelecer inúmeras coisas sobre a árvore. Por fim, chega então um homem estranho e diz: "A árvore é. Que a árvore não seja, isto não é." O que é, agora, mais fácil de dizer e de pensar: tudo o que, dos mais diferentes lados, sabe-se dizer sobre a árvore ou então a frase: *a árvore é*?[33]"

....

32. Heidegger, *Le retour au fondement de la métaphysique,* introdução a *Qu'est-ce que la métaphysique?*, trad. H. Corbin e R. Munier, p. 23 em *Questions I,* Paris, Gallimard, 1968; trad. bras. de Ernildo Stein, *O retorno ao fundamento da metafísica,* p. 53, São Paulo, Nova Cultural, coleção "Os Pensadores", 1989.

33. Heidegger, *Qu'appelle-t-on penser?*, p. 166, trad. A. Becker e G. Granel, Paris, PUF, coleção "Quadrige", 1992.

Descartes talvez tivesse respondido que a tarefa do filósofo não é determinar o mais difícil a pensar, mas descobrir o mais útil para viver.

Filosofar: preparativos, paciência

Exibindo um saber com ordem e indicando o caminho que é preciso percorrer para constituí-lo, a árvore cartesiana oferece uma representação ideal da filosofia e da atividade filosófica. Não constitui porém, de modo algum, um guia prático ou um manual de instruções para filósofo-aprendiz, baseado no bordão demagógico do "faça sem esforços uma filosofia em algumas lições". Aqui como alhures, a precipitação desencaminha, convém a paciência. A ordem que se deve seguir para aprender a filosofar não coincide com a da filosofia.

> Primeiramente, um homem que ainda não tem mais do que o conhecimento vulgar e imperfeito [...] deve antes de tudo buscar formar-se uma moral que possa bastar para regrar as ações de sua vida, no intuito de não sofrerem retardo, e devemos sobretudo tratar de viver bem. Depois disso, deve também estudar a lógica [...] aquela que ensina a bem conduzir a própria razão para descobrir as verdades ignoradas; e, como ela depende muito do uso, é bom que se exercite por longo tempo praticando as regras que dizem respeito às questões fáceis e simples, como são as das matemáticas. Depois, quando tiver adquirido algum hábito de encontrar a verdade nessas questões, deverá começar a aplicar-se a sério à verdadeira filosofia, cuja primeira parte é a metafísica. (AT, t. IX, pp. 13-4)

Por hora deixemos de lado a questão da "moral" (ver abaixo). Aqui, Descartes pede ao filósofo-aprendiz que refaça por sua própria conta o percurso que ele mesmo efetuou, e descreve nas duas primeiras partes do *Discurso do método*, antes de empreender essas "meditações tão metafísicas e tão pouco comuns"[34] que lhe fariam descobrir os fundamentos da nova filosofia. Duas razões justificam esses preparativos. Em primeiro lugar, se Descartes sempre afirmou que todos os homens dispõem da razão ou do bom senso, ou seja, de uma capacidade de bem pensar e julgar, ele não sustentou menos firmemente que o bom uso dessa capacidade depende de um aprendizado e de exercício: "não basta ter o espírito bom, mas o principal é aplicá-lo bem"[35]. Donde a necessidade de estudar lógica, não a lógica formalista e indiferente ao conteúdo formalizado que se utiliza nas "escolas" escolásticas, porém, mais simplesmente, algumas regras que permitem ao espírito conduzir-se bem[36]: serão estes os quatro preceitos da segunda parte do *Discurso*. Daí, também, o papel de campo de treinamento privilegiado concedido às matemáticas: a evidência de seus raciocínios acostuma o espírito à exigência de certeza; suas demonstrações ordenadas e rigorosas fornecem um modelo que deverá ser lembrado quando chegar a hora de deduzir os princípios.

Esses preparativos são necessários por uma segunda razão. "Começando a aplicar-se a sério à verdadeira filo-

---

34. *Discurso do método*, quarta parte, AT, t. VI, p. 31; Alq., t. I, p. 601; MF, p. 37.
35. *Discurso do método*, primeira parte, AT, t. VI, p. 2; Alq., t. I, p. 568; MF, p. 5.
36. Ver o título da obra escrita por Descartes em 1627-28 (?): *Regras para a orientação do espírito*.

sofia", começar-se-á, já que a ordem da árvore exige, pela metafísica. Ora, trata-se de uma disciplina espinhosa e difícil. Sua operação fundadora é a chamada "dúvida" radical ou hiperbólica, que é um momento de provação intelectual: ela leva às portas da loucura, fazendo do mundo e de meus pensamentos os joguetes de um Enganador onipotente. Ainda que seja apenas transitória, nem todo o mundo pode suportar semelhante prova, o que levara Descartes a atenuá-la na exposição do *Discurso do método*, com medo de desestabilizar certos leitores desse texto destinado a "ser lido por todos"[37]. É necessário que nos tenhamos preparado para que o momento salvador da dúvida não resvale para a catástrofe que nos encerraria na loucura barroca dum mundo em que o pensamento não pudesse ser mais que delírio ou ceticismo. Ademais, uma vez passada e sobrepujada a prova da dúvida, a metafísica não é uma disciplina fácil. Seus objetos – Deus, a alma, as primeiras noções que estão em nós – têm em comum a imaterialidade e por conseqüência são percebidos só pelo "intelecto puro"[38]: exercício intelectualmente árduo e sem dúvida impossível, sem uma vigorosa ascese prévia, a espíritos como os nossos, espontaneamente seduzidos pelas coisas sensíveis e materiais e inclinados a pensar que o que não se sente não existe. À lista já longa das coisas que não devem ser feitas se quisermos um dia filosofar bem, acrescentemos então esta advertência cartesiana: não é porque a metafísica é primeira que o filó-

....

37. *Meditações, Prefácio do autor ao leitor*, AT, t. VII, p. 7; Alq., t. II, p. 390; MF, p. 13.
38. Ver a *Carta a Elisabete* de 20.06.1643, AT, t. III, p. 692; Alq., t. III, p. 45; GF nº 513, p. 74: "... os pensamentos metafísicos, que exercitam o intelecto puro [...] que ocupam só o intelecto".

sofo-aprendiz deve imediatamente fazer-se metafísico. A primeira tarefa que lhe incumbe é dedicar-se, seriamente, aos meios de vir a sê-lo.

Aprendizado, preparativos e treinos, formação e condicionamentos, espera do momento oportuno. Todos esses temas convergem para uma conclusão: se a filosofia tem decerto seus objetos e procedimentos próprios, ela não difere dos outros domínios do saber ou da técnica humanos do ponto de vista do esforço e da paciência necessários para adquiri-la. Aprende-se a filosofar, meticulosamente, longamente, às vezes com esforço, como se aprende, com as mesmas dificuldades, a ser encanador, ator ou jogador de basquete. Descartes bate-se aqui contra um preconceito tenaz, sem dúvida reforçado por certos efeitos da moda de então em torno da filosofia: todo o mundo poderia, um dia, decidir filosofar e construir sem trabalho, sem leituras, em algumas horas de reflexões e discussões, uma "filosofia". Nessa proclamação da possibilidade de um acesso universal à filosofia há, diria Descartes, uma verdade fundamental. Todos os homens, até os menos educados ou os de espírito mais lento, são capazes de filosofar bem: "Adverti-me, examinando o natural de vários espíritos, que quase não os há tão grosseiros e tão lentos que não sejam capazes de entrar nos bons sentimentos e mesmo adquirir todas as mais altas ciências, se conduzidos como é necessário." (AT, t. IX, p. 12) Boa notícia: somos todos (bons) filósofos em potência. Notícia nem tão boa: vai ser preciso trabalhar para passar da potência ao ato. Pois essa verdade fundamental é pervertida quando se cede a uma ilusão de facilidade ou espontaneidade, que uma simples questão deveria bastar para dissipar: que diríamos de alguém que, nunca tendo estudado nem tocado num só cano em sua vida, se proclamasse encanador e detentor desse saber complexo que é a arte dos encanamentos? Diríamos: na melhor das hipóteses, é um fanfarrão; e se se obstina é um fraudador. Para ser um bom encanador, é preciso efetivamente ter feito o esforço de estudar aquela arte, ter-se exercitado nessa atividade difícil para conseguir, depois de alguns tateios, um domínio efetivo do saber acumulado. Deixaremos ao leitor o cargo de determinar o que é preciso responder a alguém que, sem ter estudado a filosofia e sem nunca ter-se exercitado nessa difícil atividade, proclama-se filósofo e detentor desse saber complexo que é chamado de filosofia.

Viver e filosofar: moral

Primeiramente [antes mesmo dos preparativos de que acabamos de falar], um homem que ainda não tem mais do que o conhecimento vulgar e imperfeito que se pode adquirir pelos quatro meios acima explicados, deve antes de tudo buscar formar para si uma moral que possa bastar para regrar as ações de sua vida, no intuito de não sofrerem retardo, e devemos sobretudo tratar de viver bem. (AT, t. IX, p. 13)

[o último galho da árvore da filosofia é] a moral; falo da mais alta e perfeita moral, que, pressupondo um completo conhecimento das outras ciências, é o último grau da sabedoria. (AT, t. IX, p. 14)

Há pouco a questão era adiar, saber esperar e preparar-se. Há todavia um domínio em que tal atitude seria deslocada, até mesmo suicida: a moral, ou seja, o domínio do saber que estuda os princípios e as regras que permitem responder à questão "que fazer?".

Uma anedota esclarecerá esse ponto. O asno de Buridã tem fome e sede. Dão-lhe um quarto de cevada e uma selha d'água. Suponhamos por um instante que esse asno tornou-se (mau) cartesiano, e imaginemos sua reflexão: "Pelo que começar: pela água ou pela cevada? Atenção, não nos contentemos com o provável. Só tomarei minha decisão quando estiver certo de que é a melhor. Essa decisão é de ordem prática, pertence à moral. Seja como for, antes de poder obter a certeza nesse domínio, preciso de uma metafísica, de que deduzirei uma física, depois uma medicina, etc. Comecemos então preparando-nos convenientemente de modo que possa empreender, quando chegar o momento, a metafísica, etc." Se proceder assim, o asno morrerá, de fome *e* de sede.

A anedota resume uma objeção que surge espontaneamente quando se examina a árvore da filosofia cartesiana: eu que ainda não percorri essa árvore, que devo rejeitar o provável e o verossimilhante para acostumar meu espírito a satisfazer-se somente com certezas, que sei que a moral é o último dos galhos da árvore que atingirei, que devo fazer enquanto não possuo essa moral? À primeira vista, a resposta do asno – "nada, espere" – tem a aparência de um cartesianismo rigoroso: "nunca aceitar coisa alguma como verdadeira sem que a conhecesse evidentemente como tal"[39]. O asno porém negligenciou uma verdade essencial: "as ações da vida não sofrem nenhum retardo [...] e devemos sobretudo tratar de viver bem"[40]. *Primum vivere, deinde philosophari*, "primeiro viver, de-

....
39. *Discurso do método*, segunda parte, AT, t. VI, p. 18; Alq., t. I, p. 586; MF, p. 23.
40. Ver no mesmo sentido a *Carta a Reneri para Pollot* de abril ou maio de 1638, dada em nosso dossiê.

pois filosofar". O asno de Buridã não se lembrou dessa antiga máxima que o próprio Descartes nunca esqueceu. No domínio da prática, amiúde há situações em que a evidência está ausente. Nesse caso, a urgência prima. É preciso decidir-se a agir sem ter a certeza de fazer o melhor, saber contentar-se com o verossimilhante, tentar viver bem quando não se sabe ainda o que seria preciso fazer para viver bem[41].

Insistindo sobre a necessidade de, antes de qualquer atividade filosófica, dar "regras" a nossas ações, Descartes quer preservar seu leitor de um erro fatal, a síndrome do asno: deixar exigências e esquemas operatórios na ordem teórica contaminar nossa prática, confundir a lógica do pensamento com a da vida. Quando a questão é saber, pode-se e mesmo deve-se refletir o tempo necessário, exigir a evidência: sobre uma complicada questão de metafísica ou de física que não concerne diretamente à minha existência de sujeito efetivamente comprometido com o mundo, mais vale suspender meu juízo e esperar dispor de instrumentos que permitirão dar uma resposta certa que arriscar uma conjectura. Na vida concreta, porém, a questão é agir, às vezes mais simplesmente sobreviver: é preciso decidir, freqüentemente rápido, aceitando a parte de obscuridade que torna minhas escolhas duvidosas ou somente prováveis, impossíveis de justificação plena em todos os casos. Filosofamos: paciência, prudência. Devemos também viver durante esse tempo: decisão, exposição ao risco.

Quer dizer que esperando chegar ao cimo da árvore pode-se, à guisa de moral, contentar-se em decidir seja o

....

41. Sobre este tema, ver também a *Carta a Hyperaspistes* de agosto de 1641, dada em nosso dossiê.

que for sem reflexão, ao sabor dos desejos e dos instintos? Não, responde Descartes:

> Admito que se tem muita razão em se refletir o tempo necessário para deliberar antes de empreender as coisas que são de importância;[42] no que tange às inclinações que me parecem também me serem naturais, notei freqüentemente, quando se tratou de escolher entre as virtudes e os vícios, que elas não me levaram menos ao mal do que ao bem.[43]

É preciso pois esforçar-se para estabelecer uma moral para tempos de incerteza, a qual deverá responder a uma dupla exigência: ajudar-nos a viver tão bem quanto possível esperando, ao termo do percurso filosófico, a reunião da teoria e da prática na "mais alta e mais perfeita moral"; permitir ao sujeito empenhado no aperfeiçoamento intelectual continuar nessa via, superando os obstáculos que poderiam detê-lo e dando-lhe os meios de progredir. Essa moral para um sujeito que procura a si mesmo em tempos incertos, Descartes a expôs na terceira parte do *Discurso do método*, e chamou-a "moral por provisão", isto é, "provisória", "substitutiva", "na espera de melhor". O leitor a encontrará no dossiê que completa este volume.

Assim sendo, a moral provisória está seguramente destinada a ser ultrapassada quando enfim se atingir a "mais alta e mais perfeita moral" situada no ponto mais alto da árvore, uma moral certa e por isso definitiva, que permitirá verdadeiramente "ver claro em [suas] ações e cami-

---

42. *Carta a Elisabete* de maio de 1646, AT, t. IV, p. 414; Alq., t. III, pp. 654-5; GF nº 513, p. 169.
43. *Terceira meditação*, AT, t. IX, p. 30; Alq., t. II, p. 436; MF, p. 63.

nhar com segurança nesta vida"⁴⁴. Mas aí as coisas complicam-se: onde está na obra de Descartes essa "moral definitiva"? Uma coisa é certa: não a encontramos na obra intitulada *Princípios da filosofia*, que, da árvore, só expõe as raízes-metafísica e o tronco-física. Além disso, os comentadores divergem, de modo que a questão anterior se torna problemática: não se trata mais de determinar onde está essa moral, mas sim de perguntar se Descartes a escreveu. Incontestavelmente encontramos reflexões éticas nas correspondências com a princesa Elisabete da Boêmia e a rainha Cristina da Suécia⁴⁵, depois, em 1649, nas *Paixões da alma*. Esta obra, a última que Descartes publicou em vida, encara efetivamente o homem como uma "pessoa inteira"⁴⁶, como a união estreitíssima e indissociável nesta vida de um espírito e um corpo. A metafísica e a física já estão feitas: Descartes diferenciou a substância pensante e a substância extensa, o espiritual e o material, doravante reflete sobre a unidade do homem real para nos ensinar a bem empregar nossas paixões e afetos⁴⁷. A questão é efetivamente de moral, e trata-se também, de fato, de prolongar as verdades metafísicas e físicas expostas nos *Princípios* tirando daí as conseqüências éticas⁴⁸:

....

44. *Discurso do método*, primeira parte, AT, t. VI, p. 10; Alq., t. I, p. 577; MF, p. 14.
45. Ver os textos reunidos por M. e J.-M. Beyssade em *Descartes. Correspondance avec Elisabeth et autres lettres*, GF nº 513.
46. Elisabete, *Carta a Descartes* de 04.12.1649, AT, t. V, p. 452; GF nº 513, p. 236.
47. Sobre as *Paixões da alma*, ver a recente e monumental obra de D. Kambouchner, *L'homme des passions*.
48. Daí a retomada e a reelaboração das três primeiras regras da moral provisória na *Carta a Elisabete* de 04.08.1645 (ver nosso dossiê). Sobre o elo entre as *Paixões da alma* e os desenvolvimentos anteriores de metafísica e física, ver notadamente a *Carta a Chanut* de 15.06.1646, AT, t. IV, pp. 441-2; Alq., t. III, pp. 656-7; GF nº 513, pp. 243-4.

quando estamos certos de que Deus existe, que é bom, onisciente e onipotente, não nos comportamos mais da mesma maneira; quando sabemos que nosso espírito é uma coisa que pensa e como nosso corpo funciona, podemos disso tirar conclusões sobre a maneira como é preciso viver para que suas relações sejam harmoniosas. Mas, à leitura desses textos, é preciso também confessar que é difícil perceber em que realizam o projeto "dedutivo" dos *Princípios*. Eles não apresentam uma moral tão certa quanto uma ciência, direta e rigorosamente fundada sobre a metafísica e a física, na qual encontrássemos regras que nos indicassem infalivelmente o que é preciso fazer.

À guisa de moral "definitiva", Descartes deixa-nos portanto uma moral inacabada, se a avaliarmos à luz do projeto exposto na *Carta-prefácio* dos *Princípios*. Como interpretar esse inacabamento da árvore cartesiana? Duas respostas são possíveis. A primeira apóia-se num argumento fatual: Descartes morreu antes de poder realizar o conjunto de seu projeto filosófico. Logo, cabe a nós, leitores de Descartes, terminar sua obra escrevendo essa moral cujos "princípios" ele nos deixou. Certas passagens do fim da *Carta-prefácio* autorizam efetivamente essa interpretação, porquanto o filósofo pede a seus sucessores que dêem bom termo à tarefa que ele não pôde acabar:

> Bem sei ainda que poderão passar vários séculos antes de terem sido [...] deduzidas desses princípios todas as verdades que deles se podem deduzir [...] [Se os leitores dos *Princípios* compreenderem] quão importante é continuar na investigação dessas verdades e até a que grau de sabedoria, a que perfeição de vida, a que felicidade elas podem conduzir, ouso crer que não haverá nenhum que não busque dedicar-se a um estudo tão proveitoso ou, ao menos,

que não favoreça e queira ajudar com todo seu poder os que a isso se dedicarem com fruto. (AT, t. IX, p. 20)

Mas as limitações e impedimentos invocados por Descartes (a falta de tempo e meios financeiros para realizar todas as experiências de que "necessitasse para apoiar e justificar seus raciocínios") parecem concernir mais às ciências aplicadas (medicina e mecânica) que à moral. Ademais, se não faltaram continuadores de Descartes para retomar e fazer frutificar, refinando-os ou às vezes criticando-os, os princípios fundamentais de sua metafísica e de sua física, seria bem difícil achar um "cartesiano" célebre que tenha redigido essa moral que falta[49]. Donde a segunda resposta, mais inquietante, mas a nosso ver mais próxima da verdade: se Descartes não nos conseguiu dar "a mais alta e mais perfeita moral" que esperava, é que esse aspecto de seu projeto filosófico estava constitutivamente fadado ao fracasso, pois impossível de realizar plenamente. Progredindo na constituição de sua árvore, Descartes sem dúvida percebeu que a moral não é um galho como os outros. Nunca, como filósofos, conseguiremos estar certos de que fazemos o que é preciso fazer ou o que é correto fazer. Nem por isso é preciso converter-se ao ceticismo ou sustentar que todas as ações se equivalem. Os resultados da metafísica e da física, ou seja, do conhecimento de nosso espírito e de nosso corpo, contribuem para esclarecer nossa prática. Mas esses conhecimentos esclarecem sem assegurar: tem-se uma clareza que não é evidência, uma convicção que não é certeza. A

---

[49]. Ver todavia algumas obras do século XVII, hoje esquecidas, assinaladas por G. Rodis-Lewis, *La morale de Descartes*, p. 8.

grandeza de Descartes é ter perfeitamente discernido essa tonalidade ambígua que caracteriza o registro do pensamento a que chamamos moral ou ético. Ele

> nunca deixou de sustentar duas idéias extremas que são como os dois limites de uma visada moral: a idéia de um perfeito domínio teórico, pelo qual um intelecto totalmente esclarecido, dotado de uma ciência infinita, ditaria infalivelmente à vontade a escolha do bem; a idéia de uma total obscuridade teórica, na qual a ausência de ciência levaria a vontade a afirmar-se por si mesma e a bastar-se em sua resolução. Mas a realidade da moral está no entremeio, na passagem da obscuridade à clareza.[50]

Descartes ensina-nos que sem dúvida nunca acabaremos de efetuar a passagem.

"Quod vitæ sectabor iter?"

"Que caminho seguirei na vida?"[51] À questão colocada desde os anos de juventude, Descartes respondeu tanto

---

50. J.-M. Beyssade, *Philosopher par lettres*, introdução a *Descartes. Correspondance avec Elisabeth et autres lettres*, GF nº 513, pp. 32-3.

51. Ver a *Vida do senhor Descartes* de Adrien Baillet, livro II, cap. 1, pp. 81-6 (extratos em AT, t. X, pp. 182-3 e Alq., t. I, p. 55). O texto relata os três sonhos que teve Descartes na noite de 10 para 11 de novembro de 1619, quando ele acabava de "descobrir os fundamentos de uma ciência admirável": "... teve um terceiro sonho [...] [no qual] encontrou um livro sobre sua mesa, sem saber quem o tinha posto ali. Abriu-o e, vendo que era um dicionário, ficou contente na esperança de que lhe poderia ser útil. No mesmo instante, deparou-se com um outro livro sob sua mão [...] Viu que era uma seleção das Poesias dos diferentes autores [...] Teve curiosidade de querer ler algo e, ao abrir o livro, caiu sobre o verso: '*Quod vitæ sectabor iter?*'" (trata-se de um verso do poeta latino Ausônio).

com a vida quanto com as obras. Três anos antes da morte do filósofo, a *Carta-prefácio* dos *Princípios* faz o balanço de sua resposta.

O caminho não está dado, nós é que o traçamos. Descartes não nos pede que admitamos que tenha razão, mas que refaçamos por nossa própria conta o itinerário que ele indica, esquivando-o ou abandonando-o se acharmos durante o caminho uma outra via:

> É não somente útil viver com os que se aplicam à [filosofia], mas é incomparavelmente melhor dedicar-se por si próprio a ela, assim como sem dúvida muito mais vale servir-se dos próprios olhos para conduzir-se e gozar por esse meio da beleza das cores e da luz do que tê-los fechados e seguir a conduta de um outro. (AT, t. IX, p. 3)

Como dizia seu discípulo Nicolas Malebranche, o objetivo de Descartes é menos fazer com que se aceitem sem reservas os conteúdos de sua filosofia que ensinar a seus leitores a liberdade de bem pensar: "Admito que devo ao Senhor Descartes ou a sua maneira de filosofar as opiniões que oponho às dele, e a audácia de repreendê-lo."[52]

Por conseguinte, colocar-se inicialmente só a questão "o que é a filosofia?" não é sem dúvida a melhor maneira de começar a filosofar. Procedendo assim, arriscamo-nos a jamais poder responder e a apercebermo-nos, executando um balanço, que nada fizemos além de colocar a questão. A resposta, se existe, está no termo de um cami-

---

52. Nicolas Malebranche, *Busca da verdade*, VI, II, cap. 9. Ver no mesmo sentido a homenagem de d'Alembert no *Discurso preliminar* da *Enciclopédia*, GF nº 426, p. 96: "As armas de que nos servimos para combatê-lo [Descartes] não lhe pertencem menos pelo fato de as voltarmos contra ele."

nho de reflexão que a constitui. À hora dessa resposta, talvez haja surpresas. A filosofia que se descobre filosofando não coincide forçosamente com a que se projetava ou esperava. Talvez haja também – ao menos é permitido esperá-lo – uma satisfação, aquela mesma que experimenta Descartes quando se declara contente com o trabalho acabado e com as descobertas realizadas. Seria então verdadeiramente importante saber o que *é* a filosofia, se experimentamos o "contentamento" de termos empregado bem nosso tempo a filosofar? Mais uma vez as proposições da moral "provisória" acabam adquirindo a consistência de enunciados definitivos:

> Acudiu-me passar em revista as diversas ocupações que os homens têm nesta vida para procurar escolher a melhor; e, sem nada querer dizer das dos outros, pensei que o melhor que tinha a fazer era continuar naquela em que me encontrava, isto é, empregar toda a vida em cultivar a minha razão, e progredir, o quanto pudesse, no conhecimento da verdade, seguindo o método que me havia prescrito. Experimentara contentamentos tão extremos, desde que começara a servir-me deste método, que não acreditava que se pudessem receber nesta vida outros mais suaves nem mais inocentes.[53]

Pensar e estar contente, viver e filosofar, preparar-se, saber esperar sem estagnar, decidir agir, progredir: o itinerário cartesiano e a concepção da filosofia que daí decorre jamais dissociam as condições concretas de exercí-

---

53. *Discurso do método*, terceira parte, AT, t. VI, p. 27; Alq., t. I, p. 597; MF, pp. 31-2. Sobre a importância do "contentamento" no pensamento de Descartes, ver H. Gouhier, *Essais sur Descartes*, V, § 3.

cio do pensamento e as exigências da constituição duma filosofia rigorosa e ordenada. Há aí uma recomendação preciosa, cheia de tato e fineza, que determina a postura do bom filósofo opondo-a a duas figuras extremas: o pensador louco, que sacrifica sua vida ao conceito, e o brutal espontaneísta, que acha que se pode viver sem refletir. As duas atitudes fundam-se num mesmo erro. Elas excluem e esquecem, quer a vida, quer o pensamento, ao passo que é preciso estar atento às exigências de cada uma dessas duas ordens e trabalhar para fazê-las coincidir. O procedimento de Descartes é por certo complicado, e podemos ficar tentados a preferir as posições mais simples e aparentemente mais cômodas do pensador louco ou do bruto. Mas estes últimos fazem-se simples porque simplificam, e a complexidade da atitude cartesiana não é a de uma pura construção intelectual; ela reproduz a natureza da realidade complexa que se esforça para esposar: uma existência humana.

Abramos um dicionário. Na palavra "cartesiano", o *Petit Robert* cita Marcel Aymé: "eram cartesianos como bois". Isso não é um elogio. Mas o dicionário não faz mais que ratificar o uso: na conversação corrente, "cartesiano" qualifica, com uma nuança pejorativa, um indivíduo de tal modo preocupado com a racionalidade seca que se torna obtuso, insensível, frio e penoso, sem imaginação, em definitivo esquecido do claro-obscuro, das hesitações e da complexidade da vida real[54]. A *Carta-prefácio* dos *Princí-*

---

54. O *Petit Robert* é como o *Aurélio* da língua francesa. Aliás, vale a pena remeter a este nosso dicionário, que entre outras dá a seguinte acepção a "cartesiano": aquele "que confia de modo irrestrito e exclusivo na capacidade cognitiva da razão, mas limitando-a às explicações mecânicas, simplificadoras, que são inadequadas à compreensão da realidade". (N. do T.)

pios nos ensina ao menos uma coisa: esse "cartesiano" de modo algum se assemelha a Descartes. O que é então ser cartesiano como Descartes o foi? Querer bem pensar e tratar de se dar os meios para isso, tentar viver feliz mesmo sem sabermos muito bem o que é preciso fazer para consegui-lo, avançar sem por isso precipitar-se, aprender que não se filosofa gratuitamente e numa eternidade abstrata, mas que o objetivo da filosofia é ser útil àquele que a pratica, um homem concreto e de cabo a cabo atravessado pelo tempo que escande sua vida. Seguramente, nada é menos "boi" que tudo isso[55].

DENIS MOREAU

---

55. Agradeço a Jean-Marie Beyssade e Fanny Mourllion suas observações sobre este texto.

Cronologia

1596 (31 de março). Nascimento de René Descartes em La Haye, na Touraine (a comuna chama-se hoje Descartes, no departamento de Indre-et-Loire). Seu pai é conselheiro no parlamento da Bretanha. Sua mãe morre em 1597. Descartes é criado por sua avó e uma ama-de-leite.
1607-1615 (datas discutidas). Descartes segue o curso completo dos estudos no colégio dos jesuítas em La Flèche.
1616. Bacharelado e licença em direito em Poitiers.
1618. Descartes junta-se ao exército de Maurício de Nassau; em Breda, encontra o sábio holandês Isaac Beeckman, a quem oferece o *Compendium musicæ* (*Compêndio de música*).
1619. Descartes está na Dinamarca, depois na Alemanha. Junta-se ao exército do duque da Baviera. Na noite de 10 para 11 de novembro, Descartes tem os três sonhos relatados nas *Olímpicas* e entrevê os "fundamentos de uma ciência admirável". Data provável da formação da "moral provisória" (terceira parte do *Discurso do método*).
1620-1625. Descartes abandona a vida militar (1621?). Via-

gens à França e à Itália. Redação do *Studium bonæ mentis*, perdido.
1625-1627. Estada em Paris. Descartes freqüenta os meios literários, científicos e teológicos. Em novembro de 1627, por ocasião de uma conferência na casa do núncio do Papa, ele recebe os encorajamentos do cardeal de Bérulle.
1627-1628. Viagens à Bretanha e às Províncias Unidas (os Países Baixos), onde Descartes instala-se por vinte anos. Composição provável das *Regras para a orientação do espírito*, inacabadas.
1629-1631. Descartes redige um *Tratado de metafísica*, perdido. Empreende uma física, que se tornará o *Mundo*. Cartas a Mersenne sobre a criação das verdades eternas (abril-maio de 1630). Pesquisas sobre os meteoros, a ótica, a anatomia (dissecações), diversas questões de mecânica e de matemáticas.
1632. Descartes acha a solução geral do problema de Papo. Início da redação do *Mundo*.
1633. Condenação de Galileu em Roma. Descartes adia a publicação do *Mundo*.
1634-1636. Redação do *Discurso do método* e dos *Ensaios*.
1635. Nascimento de Francine, a única filha de Descartes; a mãe é Hélène Jans, uma criada.
1637 (junho). Publicação, sem nome de autor, do *Discurso do método* e dos *Ensaios*. Descartes envia a C. Huygens um pequeno tratado de mecânica (*Explicação das máquinas com a ajuda das quais se pode com uma pequena força levantar um fardo muito pesado*).
1638. Régio é nomeado professor de medicina e botânica na Universidade de Utrecht; início de suas relações com Descartes, de quem se proclama discípulo.

1639-1640. Redação das *Meditationes de prima philosophia*; o padre Mersenne encarrega-se de recolher objeções de filósofos e teólogos. Morte de Francine (setembro) e do pai de Descartes (outubro). Fim de 1640, Descartes decide escrever o "curso de filosofia" que se tornará os *Principia philosophiæ*.

1641 (agosto). Publicação das *Meditationes de prima philosophia in qua Dei existentia et animæ immortalitas demonstrantur* (*Meditações de filosofia primeira em que são demonstradas a existência de Deus e a imortalidade da alma*) com seis séries de objeções e respostas.

1642. Na Universidade de Utrecht, o reitor Voécio faz que se condene Régio e a filosofia cartesiana. início da "querela de Utrecht", que durará até 1648. Segunda edição das *Meditationes de prima philosophia in qua Dei existentia et animæ humanæ a corpore distinctio demonstrantur* (*Meditações de filosofia primeira em que são demonstradas a existência de Deus e a distinção da alma e do corpo*), acrescidas das sétimas objeções e respostas e de uma carta ao padre Dinet.

1643. Descartes publica uma longa *Carta a Voécio*. Início da correspondência entre Descartes e a princesa Elisabete da Boêmia.

1644. Estada na França. Publicação dos *Principia philosophiæ*.

1645-1646. A pedido de Elisabete, Descartes empreende a obra que se tornará *As paixões da alma*.

1646. Régio publica seus *Fundamenta physices* e rompe com Descartes.

1647. Publicação das *Méditations métaphysiques*, traduzidas pelo duque de Luynes, com as objeções e respostas traduzidas por Clerselier; publicação dos *Principes de la philosophie*, acompanhados de uma *Lettre-préface* ao tradutor, o abade Picot. Início da correspondência com a rainha Cristina da Suécia. Estada na França: Descartes encontra Pascal.

1647-1648. Redação da *Descrição do corpo humano*.

1648. *Carta apologética aos magistrados de Utrecht*; *Notæ in programma quoddam* (*Notas sobre um certo cartaz*), contra Régio. *Conversa com Burman* (relato de um diálogo entre Descartes e F. Burman, redescoberto em 1895). Estada na França, encurtada pela Fronda. Morte de Mersenne.

1649. Em setembro, Descartes aceita o convite da rainha Cristina e segue para Estocolmo; dá aulas de filosofia à rainha. Publicação das *Paixões da alma*.

1650 (11 de fevereiro). Morte de Descartes em Estocolmo, por uma pneumonia. Numerosos inéditos encontrados em seus papéis serão publicados postumamente.

CARTA-PREFÁCIO
da edição francesa dos
PRINCÍPIOS DA FILOSOFIA

Carta do autor
a quem traduziu o Livro, que pode servir aqui de Prefácio

Senhor[1],

A versão que vos destes ao trabalho de fazer de meus Princípios é tão nítida e acabada que me faz ter a esperança de que serão lidos por mais pessoas em francês que em latim, e de que serão mais bem entendidos[2]. Somente receio que o título afaste muitos daqueles que não foram nutridos nas letras[3] ou que têm má opinião da Filosofia, porquanto a que lhes ensinaram deixou a desejar; e isso me leva a crer que seria bom acrescentar um Prefácio que declarasse qual é o tema do Livro, que intenção tive escrevendo-o e que utilidade se pode dele tirar. Mas ainda

---

1. Descartes dirige-se a seu amigo, o abade Claude Picot, que traduziu para o francês o latim dos *Principia philosophiæ*. Os números à margem remetem à paginação da edição Adam e Tannery.
2. As diferenças entre o texto latino dos *Principia* e o texto francês dos *Principes* sendo por vezes importantes, este *satisfecit* concedido ao tradutor põe um problema aos intérpretes de Descartes: dever-se-ia pensar que ele releu atenciosamente a tradução de Picot e aprovou, ou mesmo pediu, as modificações em relação ao texto latino? Ou deve-se ajuizar que o elogio é pura formalidade e as modificações são imputáveis só a Picot?
3. Que não estudaram nem leram livros. Cf. *Discurso do método*, primeira parte, AT, t. VI, p. 4; Alq., t. I, p. 571; MF, p. 8: "Fui nutrido nas letras desde minha infância..."

que caiba a mim fazer esse Prefácio, já que devo saber tais coisas melhor que ninguém, nada mais consegui obter de mim mesmo senão apresentar aqui uma síntese dos principais pontos que me parecem dever ser nele tratados, e deixo à vossa discrição dá-lo a conhecer ao público caso julgue conveniente.

Gostaria primeiramente de explicar o que é a Filosofia, começando pelas coisas mais vulgares[4], tais como: que a palavra Filosofia significa o estudo da Sabedoria, e que por Sabedoria entende-se não só a prudência nos negócios[5], mas um perfeito conhecimento de todas as coisas que o homem pode saber[6], tanto para a conduta de sua vida como para a conservação de sua saúde, e a invenção de todas as artes[7]; e a fim de que esse conhecimento seja tal é necessário que ele se deduza das primeiras causas, de maneira que, para lograr adquiri-lo, o que se nomeia propriamente filosofar, é preciso começar pela investigação dessas primeiras causas[8], isto é, dos Princípios[9]; e esses

....

4. As coisas mais simples, mais comuns. No século XVII, o termo não tem o atual sentido pejorativo.

5. Talvez se trate de uma alusão a Aristóteles. Ver *Ética a Nicômaco*, VI, cap. 7: a virtude da prudência não basta para definir a sabedoria. Essa aproximação com Aristóteles, assim como as que se seguem, foram retomadas de V. Carraud e F. de Buzon, *Descartes et les "Principia II", corps et mouvement*, pp. 21-22.

6. Cf. Aristóteles, *Metafísica* A, 982 a: "Concebemos inicialmente o Sábio como possuindo a totalidade do saber."

7. Todas as técnicas.

8. Essa passagem parece retomar novamente a tripartição aristotélica entre ciências práticas (conduta da vida), poéticas (as artes) e teoréticas (investigação dos princípios). De Aristóteles, ver *Metafísica* E, 1025 b e *Ética a Nicômaco*, VI, cap. 2.

9. Cf. Aristóteles, *Metafísica* A, 981 b: "Pelo termo Sabedoria entende-se, em geral, a ciência das primeiras causas e dos primeiros princípios dos seres". Essas retomadas implícitas de temas aristotélicos permitem a Descartes mostrar que ele não se furta à compreensão tradicional da sabedoria. Mas também ressaltam a originalidade da definição propriamente cartesiana dos princípios, dada nas linhas seguintes.

Princípios devem ter duas condições: uma, que sejam tão claros e evidentes[10] que o espírito humano não possa duvidar de sua verdade ao aplicar-se atentamente a considerá-los; outra, que seja deles que dependa o conhecimento das outras coisas, de forma que eles possam ser conhecidos sem elas mas não, reciprocamente, elas sem eles; e além disso é preciso buscar deduzir[11] de tal modo desses princípios o conhecimento das coisas que deles dependem que não haja nada em toda a seqüência das deduções feitas que não seja muito manifesto. Na verdade, só Deus é perfeitamente Sábio, isto é, tem o inteiro conhecimento da verdade de todas as coisas, mas se pode dizer que os homens têm mais ou menos Sabedoria à proporção que têm mais ou menos conhecimento das verdades mais importantes. E creio não haver nisso nada com que todos os doutos não concordem.

Em seguida, eu faria considerar a utilidade dessa Filosofia e mostraria que, por ela estender-se a tudo o que o

....

10. A evidência, ou mais tecnicamente a clareza e a distinção, constitui para Descartes o critério da verdade. Ver *Discurso do método*, segunda parte, AT, t. VI, p. 18; Alq., t. I, p. 586; MF, p. 23; a *Terceira meditação*, AT, t. IX, p. 27; Alq., t. II, p. 431; MF, p. 58; *Princípios da filosofia*, I, §§ 43-6, em que aparecem as definições da clareza e da distinção.

11. Freqüentemente repetidas na seqüência do texto, as palavras "deduzir" e "dedução" têm em Descartes um valor técnico, definido já na terceira das *Regras para a orientação do espírito*, AT, t. X, pp. 369-70; Alq., t. I, pp. 88-9; MF, pp. 15-6: "Entendemos por [dedução] toda conclusão necessária tirada de outras coisas conhecidas com certeza [...] Portanto, aqui distinguimos a intuição intelectual da dedução certa pelo fato de que, nesta, concebe-se uma espécie de movimento ou de sucessão, ao passo que naquela não se dá o mesmo; ademais, a dedução não requer, como a intuição, uma evidência atual, mas, ao contrário, extrai de certa maneira sua certeza da memória". Diferenciando-se da intuição, apreensão imediata duma verdade absolutamente evidente, a dedução é portanto uma operação que supõe o tempo, e permite passar de verdades já conhecidas (os princípios) a outras (sobre a relação entre dedução e experiência, ver abaixo, nota 71).

espírito humano pode saber, deve-se crer que é só ela que nos distingue dos mais selvagens e bárbaros[12], e que uma nação é tanto mais civilizada e polida[13] quanto nela os homens melhor filosofarem; e, assim, que o maior bem que pode haver num Estado é ter ele verdadeiros Filósofos. E, além do mais, que para cada homem em particular é não somente útil viver com os que se aplicam a esse estudo, mas que é incomparavelmente melhor aplicar-se pessoalmente a ele, assim como sem dúvida muito mais vale servir-se dos próprios olhos para conduzir-se e gozar por este meio da beleza das cores e da luz do que tê-los fechados e seguir a conduta de um outro; mas este último caso é ainda preferível a mantê-los fechados e só ter a si para conduzir-se. Viver sem filosofar é precisamente ter os olhos fechados sem nunca buscar abri-los; e o prazer de ver todas as coisas que nossa visão descobre[14] não é comparável à satisfação dada pelo conhecimento daquelas que se encontram pela Filosofia; e, enfim, esse estudo é mais necessário para regrar nossos costumes e conduzir-nos

....

12. No século XVII, o termo não significa "violento" ou "cruel", mas simplesmente "não civilizado".

13. No século XVII, as duas palavras são quase sinônimas: "polido" significa menos "cortês" que "policiado", dotado de uma organização política que regula as práticas e os costumes.

14. A visão é tradicionalmente considerada como o mais elevado dos cinco sentidos. Ver por exemplo Platão, *Timeu*, 47 a-b: "A visão é para nós, a meu ver, a causa do maior bem [...] É da visão que obtemos a filosofia, o bem mais precioso que o gênero humano recebeu e pode receber da generosidade dos deuses. Eis o que declaro ser o maior benefício da visão. Para que gabar os outros, menos importantes?"; Aristóteles, *Metafísica* A, 980 a: "[As sensações] nos aprazem por si mesmas, e, mais que todas as outras, as sensações visuais [...] Preferimos, por assim dizer, a visão a todo o resto"; e Descartes, *Dióptrica*, 1, AT, t. VI, p. 81; Alq., t. I, p. 651; GF nº 109, p. 97: "Toda a conduta de nossa vida depende de nossos sentidos, entre os quais o mais universal e mais nobre é a visão".

nesta vida do que o é o uso de nossos olhos para guiar nossos passos. Os animais brutos[15], que só têm seus corpos para conservar, ocupam-se continuamente procurando com que nutri-lo, mas os homens, cuja principal parte é o espírito[16], deveriam empregar seus principais cuidados na busca da Sabedoria, que é seu verdadeiro alimento; e estou seguro ainda de que muitos há que não deixariam de fazê-lo se tivessem esperança de sucesso e soubessem quão capazes disso são. Não há alma, por pouco nobre[17] que seja, que esteja tão presa aos objetos dos sentidos que às vezes não se afaste deles para desejar algum outro bem maior, não obstante ignore amiúde em que ele consiste. Aqueles a que a fortuna[18] mais favorece, que têm abundância de saúde, honras, riquezas, não estão mais isentos desse desejo que os outros; ao contrário, estou persuadido de que são eles que suspiram com mais ardor por um outro bem mais soberano do que todos os que possuem. Ora, esse soberano bem[19] considerado pela razão natural,

---

15. Os animais sem razão. A seqüência do texto faz alusão à tese cartesiana conhecida como a dos "animais máquinas" (ver por exemplo *Discurso do método*, quinta parte, AT, t. VI, pp. 55-9; Alq., t. I, pp. 627-31; MF, pp. 62-6; *Carta a Newcastle* de 23.11.1646, AT, t. IV, pp. 573-6; Alq., t. III, pp. 693-6): desprovido de alma ou pensamento, o animal é apenas corpo (matéria) e enquanto tal assimilável a uma máquina (um "autômato") complexíssimo.

16. À diferença do animal, o homem é segundo Descartes composto de duas substâncias estreitamente unidas: um corpo, substância extensa, material, divisível; e um espírito, substância pensante, imaterial, indivisível. Logo, é o espírito que diferencia o homem e o animal, e é neste sentido que se pode dizer que ele é a "principal" parte do homem, sem que esse adjetivo implique uma desvalorização do corpo.

17. Capaz, virtuosa. O termo não tem aqui um sentido político ou social.

18. O acaso, a sorte. Em 1649, os artigos 145 e 146 das *Paixões da alma* rejeitam como quimérica a idéia de "Fortuna", preterida pela noção de "Providência".

19. A expressão é classicamente utilizada para designar o bem por excelência, o mais alto bem que o homem pode atingir.

sem a luz da fé[20], não é outra coisa que o conhecimento da verdade por suas causas primeiras, isto é, a Sabedoria, de que a Filosofia é o estudo[21]. E já que todas essas coisas são inteiramente verdadeiras, não seriam difíceis de admitir se fossem bem deduzidas.

Porém, já que se está impedido de nelas crer pela experiência, que mostra que os que fazem profissão de serem Filósofos são amiúde menos sábios e menos razoáveis do que outros que nunca se aplicaram a esse estudo, explicaria aqui sumariamente em que consiste toda a ciência que se tem agora e quais são os graus de Sabedoria a que chegamos. O primeiro contém apenas noções que são tão claras por si mesmas que podemos adquiri-las sem meditação[22].

---

20. A cláusula é importante. Descartes, católico, quis todavia constituir sua filosofia como um "homem puramente homem", servindo-se só dos instrumentos intelectuais de que os homens são naturalmente dotados, sem apelar a esta outra fonte de inteligibilidade constituída pela revelação sobrenatural, a palavra de Deus que os cristãos pensam encontrar na Bíblia. Descartes consagra-se, portanto, ao que nós podemos saber, e não ao que a Igreja pede que se creia. Em tais circunstâncias, mesmo que a fé cristã ensine que o soberano bem é a visão e o gozo de Deus após a morte, o Descartes-filósofo dedica-se a produzir uma definição natural e imanente desse soberano bem, identificado à sabedoria. Mais amplamente, pode-se resumir assim em grandes traços a atitude de Descartes perante a revelação e os objetos da fé cristã: professa em relação a elas o mais profundo respeito, mas recusa sempre, tirante raras exceções, imiscuir-se com a teologia revelada, ou seja, buscar explicar ou compreender filosoficamente o dado da revelação (observar-se-á neste sentido que a teologia revelada não aparece na "árvore da filosofia" da *Carta-prefácio* dos *Princípios*).

21. Toda essa passagem retoma implicitamente a distinção de origem estóica, com freqüência utilizada por Descartes, entre as coisas que não dependem de nós e as que dependem. Saúde, honras e riquezas pertencem à primeira categoria. Em contrapartida, depende unicamente de nós fazer o possível para alcançar o conhecimento da verdade; eis, segundo Descartes, o único bem verdadeiro e acessível a todos. Ver as *Cartas* à princesa Elisabete e à rainha Cristina dadas em nosso dossiê.

22. De novo o termo assume em Descartes um valor técnico: a "meditação" é a operação que permite descobrir as verdades "metafísicas" ou da "filosofia primeira".

O segundo compreende tudo o que a experiência dos sentidos dá a conhecer. O terceiro, o que a conversa com os outros homens nos ensina. Ao que se pode acrescentar, em quarto, a leitura, não de todos os Livros, mas particularmente daqueles que foram escritos por pessoas capazes de nos dar boas instruções, pois é uma espécie de conversa que temos com seus autores[23]. E me parece que toda a Sabedoria que se costuma ter não é adquirida senão por esses quatro meios, pois não levo em conta aqui a revelação divina, já que ela não nos conduz por graus, mas nos eleva de uma só vez a uma crença infalível[24]. Ora, desde sempre houve grandes homens que buscaram encontrar um quinto grau para chegar à Sabedoria, incomparavelmente mais alto e mais seguro que os outros quatro: procurar as primeiras causas e os verdadeiros Princípios de que se pudessem deduzir as razões de tudo o que somos capazes de saber; e são particularmente aqueles que trabalharam nisso que foram chamados de Filósofos. Todavia, que eu saiba ninguém até o presente teve sucesso nesse intento. Os primeiros e principais de que temos os escritos são Platão e Aristóteles, entre os quais não houve outra diferença senão que o primeiro, seguindo as pegadas de seu mestre Sócrates[25], ingenuamente confessou que ainda nada pudera encontrar de certo[26], e contentou-se em

---

23. Cf. *Discurso do método*, primeira parte, AT, t. VI, p. 5; Alq., t. I, p. 572; MF, p. 9: "... a leitura de todos os bons livros é como uma conversa com as pessoas mais ilustres dos séculos passados, que foram seus autores, e mesmo uma conversa refletida na qual eles só nos revelam seus melhores pensamentos".

24. Crença infalível. Ver acima nota 20.

25. Sócrates (ca. 470-399 a.C.) foi o mestre de Platão (428-347), por sua vez mestre de Aristóteles (384-322).

26. Provável alusão à famosa máxima socrática: "Só sei que nada sei" (Ver Diógenes Laércio, *Vidas e doutrinas dos filósofos ilustres*, GF nº 56, p. 114; cf. Platão, *Apologia de Sócrates*, 21-3). Certas escolas filosóficas gregas (os Megá-

escrever as coisas que lhe pareceram ser verossimilhantes, imaginando para tal feito alguns Princípios com os quais buscava explicar as outras coisas; ao passo que Aristóteles teve menos franqueza e, se bem que tivesse sido por vinte anos discípulo daquele e não tivesse outros Princípios senão os dele, mudou inteiramente a forma de enunciá-los e os propôs como verdadeiros e seguros, embora não haja nenhum sinal de que os tenha alguma vez estimado como tais[27]. Ora, esses dois homens tinham muito espírito e muito da Sabedoria que se adquire pelos quatro meios precedentes, o que lhes dava muita autoridade, de modo que aqueles que vieram depois deles mais se ativeram a seguir suas opiniões que a procurar algo melhor; e a principal disputa que seus discípulos travaram entre si foi para saber se deviam pôr todas as coisas em dúvida ou se havia algumas que fossem certas. O que os levou uns e outros a erros extravagantes, pois alguns dos que eram pela dúvida estendiam-na inclusive até as ações da vida, de modo que negligenciavam usar da prudência para conduzir-se; e aqueles que sustentavam a certeza, supondo que devia depender dos sentidos, fiavam-se inteiramente nesses, a tal ponto que se diz que Epicuro ousava assegurar, contra todos os raciocínios dos Astrônomos, que o Sol não é maior do que parece[28]. É um

....

ricos, a Nova Academia, os Pirrônicos) insistirão sobre esse aspecto do pensamento de Sócrates. Daí o tema desenvolvido por Descartes na seqüência do texto: a posteridade de Sócrates e Platão é constituída por aqueles que fizeram profissão de duvidar de tudo e de nada poder conhecer com certeza, ou seja, os céticos.

27. Esta descrição da filosofia aristotélica é decerto sumária e muito contestável. Mas a seqüência do texto mostra bem que Descartes não intenciona fazer aqui, precisamente, o papel de historiador das idéias.

28. Epicuro (341-270 a.C.) desenvolve uma filosofia materialista e vê na sensação o critério da verdade. Descartes faz aqui alusão à *Carta a Pítocles*

defeito que se pode observar na maioria das disputas: a verdade sendo a média entre as duas opiniões sustentadas, cada um delas se distancia tanto mais quanto mais afeito a contradizer. Porém, o erro dos que pendiam demasiado para o lado da dúvida não foi seguido por muito tempo, e o dos outros foi um pouco corrigido reconhecendo-se que os sentidos nos enganam em muitas coisas. Todavia, que eu saiba não se o eliminou inteiramente fazendo ver que a certeza não está nos sentidos, mas só no intelecto, enquanto tem percepções evidentes[29], e que, en-

....

(p. 67 em *Epicure, Lettres*, tradução de J. Salem, Nathan, Paris, 1982): a fim de defender a verdade da sensação, Epicuro afirma aí efetivamente que "a grandeza do sol, da lua e dos outros astros é, relativamente a nós, tal qual nos parece ser".

Todo esse desenvolvimento sobre os filósofos gregos é portanto assimilável a um esboço de teoria estrutural de história da filosofia. Descartes não busca tanto apresentar doutrinas, mas sim patentear tendências e repetições. Mostra assim que os dois campos de filósofos cujo enfrentamento escande a história das idéias – os céticos e os empíricos – estavam constituídos desde a origem.

29. Isso não significa, como às vezes se diz, que segundo Descartes os sentidos não sirvam para nada ou que ele "despreze o sensível". Na filosofia cartesiana, os sentidos têm em primeiro lugar uma função prática e vital que só eles podem cumprir: ensinam-nos sobre o que é útil ou não para nossa vida entre os objetos materiais que nos rodeiam, e nos permitem então de bem nos haver no mundo (assim, uma sensação dolorosa [uma picada] indica geralmente que estamos em relação com um objeto nefasto para nós; uma sensação agradável [um prazer] indica que estamos em relação com um objeto que nos pode ser útil; uma sensação neutra [sem dor nem prazer; por exemplo, a visão de um objeto distante] indica geralmente que o objeto sentido não é nem útil nem nefasto para nós na situação em que estamos). Em segundo lugar, Descartes sempre concedeu uma grande importância às experiências no procedimento científico (ver abaixo nota 71). Enfim, são os sentidos que nos fazem conhecer claramente a união da alma e do corpo (ver *Carta a Elisabete* de 28.06.1643, AT, t. III, pp. 691-3; Alq., t. III, pp. 43-5; GF nº 513, pp. 73-6). Isto posto, resta porém que os sentidos não fornecem nenhum dado sobre os objetos imateriais (Deus, nossa alma) e nada nos ensinam sobre a natureza dos objetos materiais que sentimos, porque as informações sensíveis são relativas à conformação de nosso corpo e sua situação em

quanto tivermos apenas os conhecimentos que se adquirem pelos quatro primeiros graus da Sabedoria, não devemos duvidar das coisas que parecem verdadeiras no que concerne à conduta da vida, mas também não devemos estimá-las tão certas que não possamos mudar de opinião quando obrigados a isso pela evidência de alguma razão. Por não ter conhecido essa verdade, ou então, se houve quem a conheceu, por não ter dela se servido, a maioria daqueles que nestes últimos séculos quiseram ser Filósofos seguiram cegamente Aristóteles[30], de forma que freqüentemente corromperam o sentido de seus escritos, atribuindo-lhe diversas opiniões que ele não reconheceria como suas se retornasse a este mundo; e aqueles que não o seguiram (dentre os quais estiveram vários dos melhores espíritos[31]) não deixaram de ser imbuídos[32] de suas opiniões na juventude (já que são as únicas ensinadas nas escolas), o que de tal modo os absorveu que não puderam chegar ao conhecimento dos verdadeiros Princípios; e ainda que eu os estime a todos, e não queira tornar-me odio-

....

relação ao objeto sentido (a visão nos faz sentir o sol como um pequeno balão no céu; uma mesma água "morna" parece quente se nela se mergulha uma mão fria, fria se nela se mergulha uma mão quente). Assim, é tão-só o intelecto, isto é, a faculdade de nosso espírito que pensa os objetos tais como em si mesmos, que nos ensina com verdade sobre a *natureza* desses objetos. Sobres estes temas, ver o denso resumo dos *Princípios da filosofia*, II, § 3.

30. O texto torna-se aqui mais diretamente polêmico. Desde o século XIII, após Alberto o Grande e sobretudo Tomás de Aquino, a chamada corrente filosófica "escolástica" torna-se dominante e vê em Aristóteles o maior dos filósofos.

31. O texto é demasiado alusivo para permitir determinar de quem se trata: Descartes fala de certos pensadores do Renascimento que preferiam Platão a Aristóteles? Ou então de certos contemporâneos seus, como Galileu?

32. Impregnados, repletos. O termo não é forçosamente pejorativo: um pouco mais abaixo Descartes fala também de seus próprios discípulos como "imbuídos de suas opiniões".

so repreendendo-os, posso dar uma prova do que digo, a qual creio que nenhum deles desaprova: é que todos supuseram como Princípio algo que não conheceram perfeitamente. Por exemplo, não sei de ninguém que não haja suposto a gravidade nos corpos terrestres; mas, ainda que a experiência nos mostre bem claramente que os corpos que nomeamos graves descem para o centro da terra, nem por isso conhecemos qual é a natureza do que nomeamos gravidade, isto é, da causa ou do Princípio que os faz assim descer, e devemos aprendê-lo alhures[33]. Pode-se dizer o mesmo do vazio e dos átomos[34]; e do calor e do frio, do seco, do úmido; e do sal, do enxofre, do mercúrio e de todas as coisas semelhantes que alguns supuseram como Princípios. Ora, todas as conclusões deduzidas de um Princípio que não é evidente também não podem ser evidentes, ainda que fossem deduzidas evidentemente; donde se segue que todos os raciocínios que eles apoiaram sobre tais Princípios não lhes puderam dar o conhecimento certo de coisa alguma nem, por conseguinte, fazê-los avançar um passo sequer na busca da Sabedoria. E, se encontraram algo de verdadeiro, isso foi apenas por alguns dos quatros meios acima explicitados. Todavia, não quero diminuir em nada a honra que cada um deles possa

33. Este exemplo resume a principal censura de Descartes contra a física aristotélica e escolástica: ela contenta-se em constatar a existência de qualidades (a gravidade, o calor etc.) e erigi-las em fatores explicativos ("a pedra cai porque é grave"), sem procurar saber o que elas são. Sobre o caso particular da gravidade, ver *Respostas às sextas objeções*, AT, t. IX, pp. 240-1; Alq., t. II, pp. 885-6; GF nº 328, pp. 459-60, e *Carta a Elisabete* de 21.05.1643, AT, t. III, pp. 667-8; Alq., t. III, pp. 21-2; GF nº 513, pp. 69-70.

34. Segundo Descartes, o vazio não existe (ver *Princípios da filosofia*, II, §§ 16-8) e a matéria é divisível ao infinito (II, § 20): afirmar, como faz por exemplo Epicuro, a existência do vazio e de átomos (isto é, de unidades de matéria indivisíveis) é portanto fazer a física repousar sobre falsos princípios.

pretender; só sou obrigado a dizer, para consolação dos que não estudaram, que, do mesmo modo que viajando, enquanto damos as costas para o lugar aonde queremos ir, dele mais nos distanciamos conforme mais caminhamos por mais tempo e mais rápido; de maneira que, mesmo que em seguida sejamos postos no caminho correto, não podemos chegar tão logo quanto se não tivéssemos caminhado antes; assim, quando temos maus Princípios, quanto mais os cultivamos e com mais cuidado nos aplicamos a deles tirar diversas conseqüências, pensando que isso seja filosofar bem, tanto mais nos distanciamos do conhecimento da verdade e da Sabedoria. Donde ser necessário concluir que aqueles que menos aprenderam de tudo quanto foi até aqui nomeado Filosofia são os mais capazes de aprender a verdadeira.

Depois de fazer entender bem essas coisas, gostaria de acrescentar aqui as razões que servem para provar que os verdadeiros Princípios pelos quais se pode chegar ao mais alto grau de Sabedoria, no qual consiste o soberano bem da vida humana, são os que pus neste Livro; e só duas são suficientes para tanto, das quais a primeira é que eles são claríssimos e a segunda que se podem deduzir deles todas as outras coisas, pois essas são as duas únicas condições que lhes são requeridas. Ora, provo facilmente que são claríssimos; primeiro, pela forma como os encontrei, a saber, rejeitando todas as coisas em que eu podia encontrar a menor ocasião de duvidar, pois é certo que as que não puderam ser dessa maneira rejeitadas, quando nos aplicamos a considerá-las, são as mais evidentes e mais claras que o espírito humano pode conhecer[35]. Assim, conside-

....
35. Recordação do chamado momento da "dúvida metafísica" (ver a *Primeira meditação* e *Princípios da filosofia*, I, §§ 1 a 6).

rando que aquele que quer duvidar de tudo não pode todavia duvidar de que ele existe enquanto duvida[36] e que aquele que assim raciocina, não podendo duvidar de si mesmo, e duvidando entretanto de todo o restante, não é o que dizemos ser nosso corpo, mas o que chamamos nossa alma ou nosso pensamento[37], tomei o ser ou a existência desse pensamento como o primeiro Princípio, do qual deduzi clarissimamente os seguintes, a saber: há um Deus[38] que é autor de tudo o que há no mundo e que, sendo a fonte de toda verdade, não criou nosso intelecto de tal natureza que se possa enganar no juízo que faz das coisas de que tem uma percepção muito clara e muito distinta[39]. Estão aí todos os Princípios de que me sirvo no tocante às coisas imateriais ou Metafísicas[40], dos quais deduzi clarissimamente os das coisas corporais ou Físicas, a saber: há corpos extensos em comprimento, largura e profundidade, que têm diversas figuras e se movem de diver-

....

36. É o *cogito*, aqui apresentado sob a forma "duvido, logo existo". Ver o começo da *Segunda meditação* e os *Princípios da filosofia*, I, § 7.

37. É a distinção real entre alma e corpo, entre substância pensante e substância extensa, que só é definitivamente estabelecida na *Sexta meditação*. Descartes porém segue aqui a ordem dos *Princípios*, que a apresentam no artigo 8 da primeira parte (ver também §§ 60 e 63).

38. Descartes dá três provas da existência de Deus: duas provas *a posteriori* ou "pelos efeitos" na *Terceira meditação*; e uma prova *a priori*, às vezes chamada de "ontológica", na *Quinta meditação*. Nos *Princípios*, as três provas estão nos artigos 14 a 21 da primeira parte, mas a ordem de exposição não é mais a mesma, a prova *a priori* passando para a primeira posição.

39. É o chamado tema do "Deus veraz": Deus não é enganador e garante a verdade de nossas percepções claras e distintas. Ver *Discurso do método*, quarta parte, AT, t. VI, pp. 38-9; Alq., t. I, pp. 610-11; MF, pp. 44-5; o resumo da *Quinta meditação*, AT, t. IX, pp. 55-6; Alq. t. II, pp. 477-9; MF, pp. 105-7; e *Princípios da filosofia*, I, § 13: "Em que sentido se pode dizer que, se ignorarmos Deus, não teremos um conhecimento certo de nenhuma outra coisa".

40. Sobre a significação de "metafísica", ver abaixo nota 53.

sas maneiras⁴¹. Eis, em suma, todos os Princípios de que deduzo a verdade das outras coisas. A outra razão que prova a clareza dos⁴² Princípios é que foram conhecidos desde sempre e até mesmo aceitos como verdadeiros e indubitáveis por todos os homens, exceto apenas a existência de Deus, que foi posta em dúvida por alguns em virtude de terem atribuído demasiado às percepções dos sentidos, e Deus não poder ser visto nem tocado. Mas, ainda que todas as verdades que ponho entre meus Princípios tenham sido conhecidas desde sempre por todo o mundo, não houve todavia ninguém até o presente, que eu saiba, que as tenha reconhecido como os Princípios da Filosofia, isto é, como tais que se pode delas deduzir o conhecimento de todas as outras coisas que há no mundo; é por isso que me resta aqui provar que elas assim o são, e me parece não o poder fazer melhor que mostrando-o por experiência, isto é, convidando os Leitores a ler este Livro. Pois ainda que eu não tenha tratado de todas as coisas, e isso seja impossível, penso ter de tal modo explicado todas as que tive oportunidade de tratar que aqueles que as lerem com atenção terão motivo para se persuadirem de que não é necessário procurar outros Princípios, além dos que dei, para chegar a todos os mais altos conhecimentos de que o espírito humano é capaz. Principalmente

---

41. Esta frase resume o que Descartes considera como sua inovação fundamental no domínio da física: reduzindo a matéria à extensão e considerando as configurações e os movimentos dos corpos, ele cria os meios para tratar a integridade do mundo material com instrumentos matemáticos. Cf. *Carta a Chanut* de 26.02.1649, AT, t. V, pp. 292-3; Alq., t. III, p. 893; GF nº 513, p. 282: "Nada considero nos corpos senão as grandezas, as figuras e os movimentos de suas partes"; e *Princípios da filosofia*, IV, § 199.

42. Em lugar de "dos" (francês: *des*), Adam e Tannery propõem ler "destes" (francês: *de ces*).

se, depois de lerem meus escritos, derem-se ao trabalho de considerar como diversas questões são neles explicadas, e se, percorrendo também os de outros, virem quão poucas razões verossimilhantes foram dadas para explicar as mesmas questões com Princípios diferentes dos meus[43].

E a fim de que o empreendam com maior disposição, poderia eu dizer-lhes que aqueles que são imbuídos de minhas opiniões têm bem menos trabalho para entender os escritos dos outros e reconhecer-lhes o justo valor do que aqueles que não são deles imbuídos; ao contrário do que eu disse há pouco daqueles que começaram pela antiga Filosofia, que quanto mais a estudaram costumam estar menos preparados para aprender bem a verdadeira.

Acrescentaria também um pequeno aviso concernente à maneira de ler este Livro: é que eu gostaria que primeiro fosse inteiramente percorrido, assim como um Romance[44], sem forçar muito a atenção nem se deter nas dificuldades que se podem encontrar, a fim de apenas saber *grosso modo* quais são as matérias de que tratei; e depois, caso se ache que elas merecem ser examinadas e se tenha curiosidade de conhecer-lhes as causas, pode-se lê-lo uma segunda vez para observar a seqüência de minhas razões, mas que cumpre ainda uma vez não esmorecer caso não se possa reconhecê-la claramente em toda parte ou se não forem entendidas todas; é preciso apenas marcar com

---

43. Tem-se aí um eco do projeto inicial de Descartes: estabelecer uma comparação entre seus "princípios" e os dos escolásticos.
44. Ou seja, uma obra de ficção. O estatuto "romanesco" não é concernente ao texto cartesiano (é bastante inverossímil pensar que Descartes reclamasse que sua "suma de filosofia" fosse tomada como uma narrativa fictícia), mas à forma de lê-lo: Descartes pede a seu leitor que percorra a obra primeiro como se lê uma história, ininterruptamente, sem demasiado esforço intelectual, com prazer, talvez com vontade de saber o desenlace.

um traço de pena os lugares em que se encontre dificuldade e continuar a ler sem interrupção até o fim; depois, se se retomar o Livro pela terceira vez, ouso crer que nele se encontrará a solução da maioria das dificuldades que foram marcadas antes; e que, se ainda restarem algumas, enfim se lhes encontrará a solução relendo[45].

Adverti, examinando o natural de vários espíritos, que quase não os há tão grosseiros e tão lentos que não sejam capazes de entrar nos bons sentimentos e mesmo adquirir todas as mais altas ciências, se conduzidos como necessário[46]. E isso também pode ser provado por razão; pois, visto que os Princípios são claros e que deles nada se deve deduzir senão por raciocínios evidentíssimos, sempre se tem espírito suficiente para entender as coisas que depen-

....

45. Além de levar em conta a personalidade dos leitores potenciais, presumidamente neófitos em filosofia, estes conselhos de leitura justificam-se sem dúvida em nome da ordem de exposição adotada por Descartes nos *Princípios*. As *Meditações metafísicas* procedem, com efeito, segundo uma ordem que Descartes chama às vezes de "analítica": é a ordem da descoberta da verdade. Assim, aquele que lê bem as *Meditações* efetua por sua própria conta o percurso cartesiano: no decorrer da leitura compreende e faz sua a filosofia de Descartes. Em compensação, a ordem adotada nos *Princípios* não reproduz estritamente a da descoberta das verdades. É uma ordem de exposição do saber, mais lógica e clara sob certos aspectos, mas que às vezes pode esconder a maneira como as verdades avançadas encadeiam-se umas com as outras. Daí a necessidade de um aprofundamento pelas leituras sucessivas. Sobre a ordem seguida nos *Princípios*, ver o artigo de J.-M. Beyssade, *L'ordre dans les Principia*.

46. Cf. o célebre início do *Discurso do método*, AT, t. VI, p. 2; Alq., t. I, p. 568; MF, p. 5: "O bom senso é a coisa mais bem distribuída do mundo [...] isso demonstra que o poder de bem julgar e de distinguir o verdadeiro do falso, que é propriamente o que se denomina bom senso ou razão, é por natureza igual em todos os homens; e portanto que a diversidade de nossas opiniões não decorre de uns serem mais razoáveis que os outros, mas somente de que conduzimos nossos pensamentos por diversas vias, e não consideramos as mesmas coisas. Pois não basta ter o espírito bom, mas o principal é aplicá-lo bem".

dem deles. Mas, para além do impedimento dos preconceitos, do qual ninguém está inteiramente isento[47], embora seja àqueles que mais estudaram as más ciências que eles mais causem dano, acontece quase sempre que os que têm o espírito moderado negligenciem estudar, porque pensam não serem capazes; e que os outros que são mais brilhantes tenham pressa demais[48]: daí resulta amiúde aceitarem Princípios que não são evidentes e deles tirarem conseqüências incertas. É por isso que eu gostaria de assegurar aos que desconfiam demasiado de suas forças que não há coisa alguma em meus escritos que não possam entender inteiramente se se derem ao trabalho de examiná-los; e não obstante também advertir os outros de que mesmo os mais excelentes espíritos precisarão de muito tempo e atenção para observar todas as coisas que tive o intento de neles incluir.

13

Em seguida, para esclarecer qual foi meu objetivo ao publicá-los, gostaria de explicar aqui a ordem que me parece dever ser adotada para instruir-se. Primeiramente, um homem que ainda não tem mais do que o conhecimento vulgar e imperfeito que se pode adquirir pelos quatro meios acima explicados deve antes de tudo buscar formar-se uma Moral que possa bastar para regrar as ações de sua vida, a fim de que estas não sofram retardo, e que devemos sobretudo tratar de viver bem[49]. Depois disso, deve também estudar a Lógica; não a da Escola, pois esta não passa, propriamente, de uma Dialética que ensina os meios de dar a conhecer a outrem as coisas que

---

47. É o defeito que Descartes freqüentemente chama de "prevenção".
48. É o defeito que Descartes freqüentemente chama de "precipitação".
49. Lembrança do tema da urgência da vida, que torna necessária a "moral provisória" exposta na terceira parte do *Discurso do método*. Ver sobre este ponto nossa introdução e o resumo dos *Princípios da filosofia*, I, § 3.

sabemos, ou até mesmo de dizer sem julgamento várias palavras respeitantes ao que não sabemos, e assim ela mais corrompe o bom senso do que o aumenta[50]; mas aquela que ensina a bem conduzir a própria razão para descobrir as verdades ignoradas[51]; e, como ela depende muito do uso, é bom que se exercite por longo tempo praticando as regras que respeitam às questões fáceis e simples, como são as das Matemáticas[52]. Depois, logo que tiver adquirido algum hábito de encontrar a verdade nessas questões, deve começar a aplicar-se a sério à verdadeira Filosofia, cuja primeira parte é a Metafísica, que contém os Princípios do conhecimento, entre os quais está a explicação dos principais atributos de Deus, da imaterialidade de nossas almas e de todas as noções claras e simples que estão em nós[53]. A segunda é a Física, na qual, após encontrados

....

50. A crítica à lógica escolástica e em particular à teoria dos silogismos é uma constante dos textos cartesianos (ver por exemplo *Regras para a orientação do espírito*, 10, AT, t. X, p. 406; Alq., t. I, pp. 129-30; MF, pp. 64-5; *Discurso do método*, segunda parte, AT, t. VI, p. 17; Alq., t. I, pp. 584-5; MF, p. 22). Na melhor das hipóteses, essa lógica é da ordem do procedimento puramente formal (a "dialética" de que fala Descartes), quase retórica: permite no máximo expor de maneira estruturada e convincente um saber constituído por outras vias. Na maior parte do tempo, ela disfarça, ou contribui para produzir, um discurso filosoficamente indigente.

51. A "lógica" de Descartes não consiste pois numa série de protocolos formais, mas em "regras para a direção do espírito"; é o caso dos "quatro preceitos" expostos na segunda parte do *Discurso do método* (AT, t. VI, pp. 18-9; Alq., t. I, pp. 586-7; MF, p. 23), nos quais Descartes explica mais abaixo que pôs "sumariamente as principais regras da lógica".

52. Rever a *Segunda parte* do *Discurso do método*, na seqüência do texto citado na nota anterior: as "longas cadeias de razões dos geômetras", que sugerem um modelo de saber certo e unificado, "acostumam" igualmente o espírito a "alimentar-se de verdades".

53. São estes os temas tratados na *Primeira parte* dos *Princípios* intitulada *Dos princípios do conhecimento humano*. A metafísica portanto é aqui definida pelos objetos sobre os quais ela discorre, os quais têm em comum a imaterialidade. De modo mais geral, sobre a complexidade da definição car-

os verdadeiros Princípios das coisas materiais, examina-se em geral como todo o universo é composto; depois, em particular, qual é a natureza desta Terra e de todos os corpos mais comumente encontrados em torno dela, como o ar, a água, o fogo, o ímã e outros minerais[54]. Na seqüência, também é preciso examinar em particular a natureza das plantas, a dos animais e sobretudo a do homem[55], a fim de sermos depois capazes de encontrar as outras ciências que lhe são úteis. Assim, toda a Filosofia é como uma árvore cujas raízes são a Metafísica, o tronco é a Física e os galhos que saem do tronco são todas as outras ciências, que se reduzem a três principais, a saber, a Medicina, a Mecânica[56] e a Moral; falo da mais alta e perfeita Moral,

....

tesiana de metafísica, ver J.-L. Marion, *Sur le prisme métaphysique de Descartes*, Paris, PUF, 1986, capítulo 1.

54. Descartes anuncia aqui a segunda, terceira e quarta partes dos *Princípios*, respectivamente intituladas: *Dos princípios das coisas materiais*; *Do mundo visível*; *Da terra*.

55. Ver *Princípios*, IV, § 188, intitulado "Que coisas devem ainda ser explicadas para que este tratado seja completo". Descartes explica que ele "formara o projeto", não realizado, de acrescentar duas partes às quatro que constituem os *Princípios* tais como publicados. A quinta seria concernente aos "animais e plantas" e a sexta ao homem.

56. Num sentido restrito, a "mecânica" (ou "as mecânicas") designa no século XVII a teoria das máquinas elevatórias (roldanas, alavancas, cabrestantes, guindastes etc.; ver *Carta a Huygens* de 05.10.1637, AT, t. I, pp. 435-47; Alq., t. I, pp. 799-814, em que Descartes dá uma "explicação sobre as máquinas com a ajuda das quais se pode com uma pequena força levantar um fardo muito pesado"); de modo geral, trata-se da teoria das máquinas; de modo mais geral, enfim, é também o domínio em que se realizam concretamente os princípios de uma física matemática que considera nos corpos os três parâmetros "grandeza, figura e movimento". É neste último sentido que se diz freqüentemente que a física cartesiana é um "mecanicismo". Ver a *Carta a F. de Beaune* de 30.04.1639, AT, t. II, p. 542; Alq., t. II, p. 129: "Toda minha física nada mais é que uma mecânica". Sobre os diferentes sentidos da palavra "mecânica", ver J.-P. Séris, *Descartes et la mécanique*, pp. 29-66 no *Bulletin de la Societé française de philosophie*, 1987.

que, pressupondo um completo conhecimento das outras ciências, é o último grau da Sabedoria[57].

15 Ora, como não é das raízes nem do tronco das árvores que se colhem os frutos, mas somente das extremidades de seus galhos, assim a principal utilidade da Filosofia depende daquelas de suas partes que só podem ser aprendidas por último. Mas, embora as ignore quase todas, o zelo que sempre tive buscando prestar serviço ao público é a causa por que mandei imprimir há dez ou doze anos alguns ensaios sobre coisas que me parecia ter aprendido. A primeira parte desses ensaios foi um *Discurso concernente ao Método para bem conduzir sua razão e procurar a verdade nas ciências*[58], em que expus sumariamente as principais regras da Lógica e de uma Moral imperfeita[59] que podemos seguir provisoriamente enquanto não sabemos ainda a melhor. As outras partes foram três tratados, um *da Dióptrica*[60], outro *dos Meteoros*[61], e o último *da Geometria*. Com a *Dióptrica* tive a intenção de fazer ver que

....

57. Os *Princípios da filosofia*, que se limitam à física-tronco, não expõem portanto uma filosofia completa; ver sobre este ponto nossa introdução.

58. É o texto publicado sem nome do autor em 1637, cujo título hoje abreviamos por *Discurso do método*. É interessante ver Descartes considerá-lo uma "parte" de um conjunto mais vasto. Contradiz assim a tradição que designará, sob o nome de *Discurso do método*, apenas essa "primeira parte", esquecendo os três *Ensaios* que a seguiam na edição de 1637.

59. São a segunda (lógica) e a terceira (moral) partes do *Discurso*.

60. Estritamente falando, a dióptrica é a ciência cujo fim é "remediar os defeitos da vista pela aplicação de alguns órgãos artificiais" (*Dióptrica*, VII, AT, t. VI, p. 165). Mas Descartes também estuda nesse texto temas de ótica mais gerais: a luz, a refração, a visão.

61. Os "meteoros" são o conjunto dos fenômenos atmosféricos (encontra-se a mesma significação em nosso uso contemporâneo da palavra "meteorologia"), e mais particularmente os fenômenos estranhos. Assim, nos *Meteoros*, Descartes trata das nuvens, da chuva, da neve, do raio, do arco-íris, das aparições de "falsos sóis" etc.

se podia avançar bastante na Filosofia para chegar por meio dela até o conhecimento das artes que são úteis à vida, pois que a invenção das lunetas de aproximação que eu aí explicava é uma das mais difíceis que já foram concebidas[62]. Com os *Meteoros* desejei que se reconhecesse a diferença que há entre a Filosofia que cultivo e aquela ensinada nas escolas onde se costuma tratar da mesma matéria[63]. Enfim, com a *Geometria* pretendia demonstrar que eu encontrara várias coisas que eram antes ignoradas[64], e assim dar ocasião de crer que se podem descobrir ainda várias outras, a fim de incitar por esse meio todos os homens à investigação da verdade. Desde aquela época, prevendo a dificuldade que muitos teriam em conceber os fundamentos da Metafísica, busquei explicar os principais pontos num livro de *Meditações*[65] que não é muito grande, mas cujo volume foi acrescido, e a matéria bastante esclarecida, pelas objeções que várias pessoas muito doutas enviaram-me sobre o assunto e pelas respostas que lhes

....

62. A "luneta de aproximação" é o instrumento que serve para tornar "mais próximos" os objetos: falaríamos hoje de binóculos ou telescópios. Descartes consagra-lhe numerosas passagens nos discursos sete a dez da *Dióptrica*.

63. Os "meteoros" eram um dos temas estudados pelos escolásticos ao comentar a *Física*, os *Meteorológicos* e o *Tratado do céu* de Aristóteles. Nos colégios jesuítas, consagravam-se a tal estudo no segundo ano de filosofia.

64. Na *Geometria*, Descartes generaliza a formulação de equações e a notação algébrica das figuras e problemas geométricos. Ele surge assim como o fundador do que se chama de "geometria analítica". Este método permite-lhe ademais resolver problemas geométricos que permaneciam sem solução desde a Antiguidade, como o problema de Papo (ver *Carta a Mersenne* de 05.04.1632, AT, t. I, p. 244; Alq., t. I, p. 299). Para uma apresentação clara da geometria cartesiana e do problema de Papo, ver G. Rodis-Lewis, *Descartes. Textes et débats*, pp. 147-61.

65. As *Meditationes de prima philosophia*, publicadas em 1641. Implicitamente, Descartes assinala aqui o caráter lacunar do resumo de sua metafísica dado em 1637 na quarta parte do *Discurso do método*.

dei⁶⁶. Depois, enfim, quando me pareceu que esses tratados precedentes tinham preparado a contento o espírito dos Leitores para receber os *Princípios da filosofia*, também os publiquei. E dividi o Livro em quatro partes, a primeira das quais contém os Princípios do conhecimento, que é o que se pode nomear a primeira Filosofia, ou então Metafísica; é por isso que, a fim de entendê-la bem, é conveniente ler antes as *Meditações* que escrevi sobre o mesmo assunto⁶⁷. As outras três partes contêm tudo o que há de mais geral na Física, a saber, a explicação das primeiras leis ou dos Princípios da Natureza e a maneira como os Céus, as Estrelas fixas, os Planetas, os Cometas⁶⁸, e em geral todo o universo é composto; depois, em particular a natureza desta terra, e do ar, da água, do fogo, do ímã, que são os corpos que podem mais comumente ser encontrados por toda parte em torno dela, e de todas as qualidades observadas nesses corpos, como a luz, o calor, a gravidade e semelhantes⁶⁹; mediante o que penso ter começado a explicar toda a Filosofia por ordem sem ter omitido nenhuma das coisas que devem preceder as últimas sobre as quais escrevi. Mas para levar esse intento até

....

66. Antes da publicação das *Meditações*, Descartes comunicara seu texto a filósofos e teólogos, que lhe enviaram *Objeções* às quais ele deu amplas *Respostas*: é o conjunto (meditações, objeções e respostas) que foi publicado em 1641 sob o título de *Meditationes de prima philosophia*.

67. As *Meditações* são, pois, a melhor exposição da metafísica cartesiana. Mais uma vez é provavelmente a ordem analítica, que elas seguem rigorosamente, que justifica esse privilégio.

68. Os "céus" = o cosmo. Chamam-se estrelas fixas a maioria das estrelas observáveis, já que, do ponto de vista do observador, elas não mudam de posição umas em relação às outras, diferentemente dos planetas e dos cometas. Descartes aborda esses temas na terceira parte dos *Princípios da filosofia*.

69 Descartes aborda tais assuntos na quarta parte dos *Princípios da filosofia*.

o fim, eu deveria em seguida explicar da mesma maneira a natureza de cada um dos outros corpos mais particulares que estão sobre a terra, a saber, dos minerais, das plantas, dos animais e principalmente do homem[70]; depois, enfim, tratar com exatidão da Medicina, da Moral e das Mecânicas. É o que seria preciso que eu fizesse para dar aos homens um corpo de Filosofia completo; e não me sinto ainda tão velho, não desconfio tanto de minhas forças, não me acho tão distante do conhecimento do restante que não ousasse empreender realizar esse intento, se tivesse a ocasião de fazer todas as experiências de que necessitasse para apoiar e justificar meus raciocínios[71]. Porém, vendo que para isso seriam necessárias grandes despesas, às quais um particular como eu não poderia prover sem ser ajudado pelo público, e vendo que não devo esperar essa ajuda[72], creio doravante dever contentar-me em

....

70. Ver acima nota 55.

71. Contra a caricatura da ciência cartesiana como um "romance" ou uma "fábula", a passagem lembra a importância da experiência na constituição desta ciência (ver o texto paralelo da sexta parte do *Discurso do método*, AT, t. VI, pp. 63-5; Alq., t. I, pp. 635-8; MF, pp. 70-2, que explica que quanto mais estamos "avançados no conhecimento" e mais nos aplicamos às ciências particulares, mais as experiências são "necessárias"). Este importante tema permite precisar o estatuto complexo da operação de "dedução" tal como Descartes a tematiza na *Carta-prefácio*: a metafísica funda a física, que portanto dela deriva; mas de forma alguma Descartes pretende que a física seja deduzida completamente *a priori*, ou seja tirada em sua totalidade das verdades estabelecidas pela metafísica. São as experiências, com efeito, que permitem escolher entre várias deduções aprioristicamente ponderáveis e confirmar hipóteses. Dentre os numerosos estudos consagrados a essa difícil articulação entre dedução e experiência em Descartes, ver a densa síntese de S.-M. Nadler, *Deduction, Confirmation and the Laws of Nature*, in *Descartes' Principia Philosophiæ*.

72. Este tom desiludido talvez se explique por uma decepção de Descartes: o discreto pedido de subsídios ao Estado ou aos mecenas formulado dez anos antes na sexta parte do *Discurso do método* (AT, t. VI, pp. 73-4; Alq., t. I, pp. 644-5; MF, pp. 80-1) não surtira efeito.

estudar para minha instrução particular e que a posteridade desculpar-me-á se de ora em diante deixo de trabalhar para ela.

Entretanto, a fim de que se possa ver em que penso já ter-lhe servido, direi aqui quais são os frutos que, estou persuadido, podem ser tirados de meus Princípios. O primeiro é a satisfação que se terá ao encontrar neles várias verdades que foram até então ignoradas; pois, se bem que amiúde a verdade não toque tanto nossa imaginação[73] como o fazem as falsidades e as ficções, visto parecer menos admirável e mais simples, todavia o contentamento que ela dá é sempre mais durável e mais sólido. O segundo fruto é que, estudando estes Princípios, os leitores acostumar-se-ão pouco a pouco a julgar melhor todas as coisas que são encontradas, e assim a serem mais Sábios; no que terão um efeito contrário ao da Filosofia comum, pois pode-se facilmente observar naqueles que são chamados de Pedantes[74] que ela os torna menos capazes de razão do que seriam se nunca a tivessem aprendido. O terceiro é que as verdades que eles contêm, sendo claríssimas e certíssimas, tolherão todos os motivos de disputa, e assim disporão os espíritos à doçura e à concórdia: bem ao contrário das controvérsias da Escola[75], que, insensivel-

---

73. No sentido técnico, a imaginação é em Descartes a faculdade que nosso espírito possui de pensar por imagens, de mentalmente "forjar imagens" de objetos. Mais amplamente e num sentido mais próximo da acepção atual, uma "imaginação" é também uma construção intelectual fictícia.

74. O "pedante" é no século XVII a figura do mau sábio: acumula sem ordem uma erudição livresca, que exibe pretensiosamente em qualquer oportunidade. De modo mais específico (e irônico) chamavam-se também de "pedantes" os professores dos colégios.

75. As disputas e controvérsias em questão não são (somente) as discussões entre os filósofos que não chegam a um acordo entre si. A "disputa" era um exercício de discussão pública, com regras bem precisas, que fazia parte dos programas de ensino dos colégios jesuítas.

mente[76] tornando aqueles que as aprendem mais melindrosos e turrões, sejam talvez a primeira causa das heresias e dissensões que afligem agora o mundo[77]. O último e o principal fruto destes Princípios é que se poderá, cultivando-os, descobrir muitas verdades que não expliquei; e assim, passando pouco a pouco de umas às outras, adquirir com o tempo um perfeito conhecimento de toda a Filosofia e ascender ao mais alto grau da Sabedoria. Pois como se vê em todas as artes, que mesmo que sejam no começo rudes[78] e imperfeitas, todavia, visto conterem algo de verdadeiro e de que a experiência mostra o efeito, aperfeiçoam-se pouco a pouco com o uso; assim, quando se têm verdadeiros Princípios em Filosofia, não se pode deixar de, seguindo-os, encontrar por vezes outras verdades; e não se poderia melhor provar a falsidade dos de Aristóteles senão dizendo que não se pôde fazer nenhum progresso por meio deles durante os vários séculos em que foram seguidos.

Bem sei que há espíritos que se apressam tanto e usam de tão pouca circunspecção no que fazem que mesmo tendo fundamentos bem sólidos não conseguiriam construir nada seguro; e como de ordinário são esses os que mais se aprestam a fazer Livros, poderiam em pouco tempo estragar tudo o que fiz e introduzir a incerteza e a dúvida em meu modo de filosofar, do qual busquei cuidadosamente bani-las, se seus escritos fossem recebidos como meus ou como repletos de minhas opiniões. Tive

---

76. Inconscientemente.

77. A acusação é grave: Descartes subentende que, acostumando os espíritos a discutir ninharias e a obstinar-se, a prática escolástica da disputa é a causa dos numerosos conflitos religiosos e políticos que sacodem sua época.

78. Sem apuro, primitivas.

há pouco a experiência num daqueles que mais se acreditou querer-me seguir e do qual eu tinha até escrito em algum lugar "que estava tão seguro sobre seu espírito que não acreditava que tivesse alguma opinião que eu não quisesse admitir como minha"[79]; pois ele publicou no ano passado um Livro intitulado *Fundamenta Physicæ*[80], em que, ainda que pareça nada ter colocado no tocante à Física e à Medicina que não tenha tirado de meus escritos, tanto dos que publiquei quanto de um outro ainda imperfeito, tocante à natureza dos animais, que lhe caiu nas mãos[81]; todavia, porque transcreveu mal e mudou a

....

79. Todo o desenvolvimento que segue fala sem nomeá-lo de Henrique Régio, ou Regius (1598-1679). Médico de formação, ele ensinava medicina e botânica na Universidade de Utrecht, na Holanda, e partilhava a filosofia de Descartes. Este, considerando Régio um de seus partidários, mantém com ele uma correspondência confiante e defende-o quando seu apregoado cartesianismo lhe vale problemas com os colegas (daí a citação feita por Descartes, tirada de um texto redigido em 1643 como resposta a Gisberto Voécio, ou Vœtius, professor de teologia e reitor da Universidade de Utrecht, que atacara conjuntamente Descartes e Régio; ver AT, t. VIII2, p. 163). Logo depois, contudo, as relações entre Descartes e Régio deterioram-se (ver as notas seguintes).

80. Em 1646, Régio publica os *Fundamentos da física*. Querendo-se fiel a Descartes, apresenta aí uma explicação inteiramente mecanicista dos objetos tratados pela física (o início da obra corresponde às partes dois, três e quatro dos *Princípios da filosofia*; a seqüência concerne às plantas, aos animais e aos homens, conforme as indicações dadas por Descartes). Régio, porém, distancia-se de Descartes em vários pontos de metafísica, especialmente ao criticar a teoria das idéias inatas e as provas da existência de Deus dela decorrentes e afirmar que a filosofia não pode demonstrar a distinção real entre alma e corpo. Muito sumariamente, pode-se dizer que Régio empurra o mecanicismo cartesiano para um empirismo e um materialismo recusados por Descartes.

81. Várias vezes em sua correspondência Descartes alude a este "tratado dos animais", que talvez corresponda parcialmente ao que nos chegou de seu *Tratado do homem* (ver por exemplo *Carta a Elisabete* de 06.10.1645, AT, t. IV, p. 310; Alq., t. III, p. 614; GF nº 513, p. 141; *Carta a Newcastle* de outubro de 1645, AT, t. IV, p. 326; Alq., t. III, p. 621). Na *Carta a Mersenne* de 23.11.1646 (AT, t. IV, pp. 566-7; Alq., t. III, pp. 688-9), Descartes explica como Régio obteve sem dizer-lhe uma cópia do texto, tirando daí conclusões que ele desabona.

ordem e negou algumas verdades de Metafísica sobre a qual toda a Física deve ser apoiada, sou obrigado a desaboná-lo inteiramente[82] e pedir aqui aos Leitores que nunca me atribuam alguma opinião se não a encontrarem expressamente em meus escritos[83]; e que não aceitem nenhuma como verdadeira nem em meus escritos nem em outros se não a virem clarissimamente ser deduzida dos verdadeiros Princípios[84].

Bem sei ainda que poderão passar vários séculos antes de terem sido assim deduzidas desses Princípios todas as verdades que deles se podem deduzir, porque a maioria daquelas que restam a encontrar dependem de algumas experiências particulares que nunca serão achadas por acaso, mas devem ser procuradas com cuidado e despesa por homens muito inteligentes; e porque dificilmente acontecerá de os mesmos que tiverem a habilidade de bem

....

82. A *Carta a Mersenne* de 23.11.1646 assinala assim algumas afirmações de Régio recusadas por Descartes. No fim de 1647, alguns meses após a redação da *Carta-prefácio* dos *Princípios*, a polêmica entre Descartes e Régio conhecerá um novo episódio público: Régio reafirma suas teses mandando afixar um texto curto (um "cartaz") intitulado *Explicação da mente humana ou alma racional*, e Descartes responde com as *Notas sobre um certo cartaz* (os dois textos latinos estão em AT, t. VIII2, pp. 341-69, e há uma tradução francesa em Alq., t. III, pp. 787-820; os textos trocados por Descartes e Régio foram comodamente reunidos por G. Rodis-Lewis em *Lettres à Regius et remarques sur l'explication de l'esprit humain*, Paris, Vrin, 1959).

83. Cf. *Discurso do método*, sexta parte, AT, t. VI, pp. 69-70; Alq., t. I, p. 641; MF, p. 77: "... embora tenha explicado muitas vezes algumas de minhas opiniões a pessoas de ótimo espírito, e que pareciam entendê-las muito distintamente enquanto lhes falava, notei que, quando as repetiam, as mudavam quase sempre de tal forma que eu já não podia dizer que fossem minhas. Quero aproveitar a oportunidade para rogar a nossos pósteros que nunca acreditem que são minhas as coisas que lhes disserem, quando eu mesmo não as tiver divulgado".

84. Portanto, é em definitivo a evidência pessoal do leitor, e não a autoridade ou prestígio do filósofo, que atesta a verdade da filosofia cartesiana.

servir-se deles terem o poder de fazê-las; e também porque a maioria dos melhores espíritos conceberam tão má opinião de toda a Filosofia, por causa dos defeitos que observam naquela que até o presente esteve em uso, que não poderão aplicar-se a procurar uma melhor. Mas se, enfim, a diferença que virem entre estes Princípios e todos os dos outros, e a grande seqüência das verdades que se pode deles deduzir, fizer-los reconhecer quão importante é continuar na investigação dessas verdades e a que grau de Sabedoria, a que perfeição de vida, a que felicidade elas podem conduzir, ouso crer que não haverá nenhum que não busque dedicar-se a um estudo tão proveitoso ou, ao menos, que não favoreça e queira ajudar com todo seu poder os que a isso se dedicarem com fruto[85]. Desejo que nossos netos vejam o sucesso disso, etc.

---

85. Ver os textos paralelos do *Discurso do método*, sexta parte, AT, t. VI, pp. 63 e 72-4; Alq., t. I, pp. 635 e 644-5; MF, pp. 70 e 79-81, que insistem sobre a necessidade de trabalho e de financiamento coletivos para o progresso das ciências.

DOSSIÊ

I. Os Princípios da filosofia

1. Projeto e gênese dos Princípios da filosofia.

No fim de 1640, Descartes acaba a exposição fundamental de sua metafísica, as *Meditationes de prima philosophia*. Projeta neste momento a redação da obra que será publicada em 1644 sob o título de *Principia philosophiæ*. Sua correspondência, de que damos abaixo alguns extratos, permite acompanhar a formação e evolução do projeto. Para mais informações sobre as circunstâncias da redação dos *Principia* e de sua tradução pelo abade Picot, ver a *Vida do Senhor Descartes* de Adrien Baillet, especialmente Livro V, cap. 11, pp. 85-8; Livro VII, cap. 1 e 2, pp. 221-30; cap. 3, pp. 246-7; cap. 12, pp. 323-5.

Carta a Mersenne[1] *de 30.09.1640*
(AT, t. III, p. 185)

"... estou com vontade de reler um pouco a Filosofia deles [dos jesuítas], o que não faço há vinte anos, a fim de ver se me parecerá agora melhor que outrora. E, para tanto, peço que me informeis os nomes dos autores que

---
1. Marin Mersenne (1588-1648), religioso da ordem dos mínimos, foi o correspondente privilegiado de Descartes em Paris, onde animava uma vasta rede de investigações intelectuais.

escreveram cursos de Filosofia e que são os mais seguidos por eles e se eles têm alguns novos depois de vinte anos; lembro-me apenas dos Conimbricences, Toledo e Rúbio[2]. Gostaria também de saber se há alguém que tenha feito um compêndio de toda a Filosofia da Escola, e que seja seguido, pois isso me pouparia o tempo de ler os grossos livros deles. Havia, parece-me, um Cartuxo ou Folhante[3] que o fizera, mas não me lembro mais seu nome."

Carta a Mersenne de 11.11.1640
(AT, t. III, pp. 232-5; Alq., t. II, pp. 275-6)

"... bem vejo que nunca vos poderei satisfazer nesse tocante [vossas questões], até que vejais todos os princípios de minha Filosofia, e dir-vos-ei que resolvi escrevê-los antes de partir deste país e publicá-los, talvez, antes de completar um ano. E minha intenção é escrever por ordem todo um Curso de minha Filosofia em forma de Teses, em que, sem nenhuma superfluidade de discurso, porei somente todas as minhas conclusões, com as verdadeiras razões donde as tiro, o que creio poder fazer em bem poucas palavras; e no mesmo livro mandar imprimir um Curso da Filosofia em voga, que pode ser o do frade Eustáquio[4], com minhas Notas ao fim de cada questão, onde

---

2. Os "conimbricences" são um curso de filosofia de inspiração aristotélica renomado à época de Descartes. O nome vem da cidade de Coimbra, em Portugal, onde se encontra o colégio jesuíta em que o curso foi proferido no fim do século XVI. Toledo (1532-1596) e Rúbio (1548-1615) são jesuítas espanhóis, autores de muitas obras de filosofia, notadamente sob a forma de comentários de Aristóteles.

3. Os folhantes (francês: *feuillants*; latim: *fulienses*) formam uma congregação da ordem do Cister, nascida na segunda metade do século XVII, na França, após algumas reformas na regra cisterciense. (N. do T.)

4. Eustáquio de São Paulo (1573-1640), religioso folhante, autor em 1609 de uma *Suma filosófica* freqüentemente reeditada no primeiro terço do século XVII.

acrescentarei as diversas opiniões dos outros e o que se deve pensar de todas, e no fim talvez eu faça uma comparação das duas Filosofias. Mas vos suplico que ainda não digam nada a ninguém dessa intenção, sobretudo antes que minha Metafísica esteja impressa, pois pode ocorrer que, se os Regentes o souberem, façam o possível para dar-me outras ocupações, ao passo que, quando a coisa estiver feita, espero que estejam todos acomodados. Isso também poderia, talvez, impedir a aprovação da Sorbonne, que desejo e que parece poder servir extremamente a meus intentos, pois dir-vos-ei que o pouco de Metafísica que vos envio contém todos os Princípios de minha Física [...]

"Verei também o Curso de Filosofia do Sr. Draconis, que, creio, achar-se-á por aqui, pois se for mais curto que o outro, e igualmente aprovado, eu o preferiria[5]. Mas não quero fazer nada disso com os escritos de um homem vivo, a menos que seja com sua permissão, a qual, parece-me, deverei obter facilmente quando se souber minha intenção, que é considerar aquele que eu escolher como o melhor de todos os que escreveram de Filosofia e não repreendê-lo mais que todos a outros."[6]

Carta a Mersenne de dezembro de 1640
(AT, t. III, pp. 259-60; Alq., t. II, pp. 288-9)

"Mas só posso explicar bem o fogo expondo toda minha Filosofia, e dir-vos-ei, entre nós, que começo a fazer

---

5. Abra de Raconis (ca. 1580-1646), jesuíta, autor de um curso de filosofia de inspiração aristotélica.

6. Estas leituras não convenceram Descartes. Ver a *Carta a Mersenne* de 03.12.1640, AT, t. III, p. 251: "Vi a Filosofia do Senhor de Raconis, mas ela é bem menos própria à minha intenção que a do Padre Eustáquio; quanto aos Conimbricences, são longos demais."

um Compêndio em que porei todo o Curso por ordem, para mandá-lo imprimir com um Compêndio da Filosofia da Escola, tal como o do Fr. Eustáquio, ao qual acrescentarei minhas Notas ao fim de cada Questão, as quais conterão as diversas opiniões dos autores, o que se deve pensar de todas elas e sua utilidade; o que creio poder fazer de tal forma que se verá facilmente a comparação de uma com a outra, e que aqueles que ainda não aprenderam a Filosofia da Escola aprenderão muito mais facilmente com esse livro do que com seus mestres, visto que aprenderão pelo mesmo meio a desprezá-la, e mesmo os mais jovens mestres serão capazes de ensinar a minha só com esse livro."

Carta a Mersenne de 31.12.1640
(AT, t. III, p. 276; Alq., t. II, p. 307)

"... ficarei satisfeito em só ter o mínimo de distrações que for possível, ao menos para este ano, que resolvi empregar para escrever minha Filosofia em tal ordem que possa ser facilmente ensinada. E a primeira parte, que agora preparo, contém quase as mesmas coisas que as *Meditações* que tendes, senão que é inteiramente de outro estilo, e o que está posto em minúcias num está mais resumido noutro, e vice-versa."

Carta a Mersenne de 22.12.1641
(AT, t. III, p. 470; extratos em Alq., t. II, p. 903)

"Por certo eu teria escolhido o *Compendium*[7] do Padre Eustáquio como o melhor se quisesse refutar alguém; mas também é verdade que perdi completamente a intenção

....
7. Compêndio, uma obra que resume.

de refutar essa Filosofia [a dos jesuítas], pois vejo que ela é tão absoluta e claramente destruída só com o estabelecimento da minha que não há necessidade de outra refutação."

Carta a Mersenne de 22.12.1641
(texto latino em AT, t. III, p. 465)

"Espanta-me que os Reverendos Padres da companhia de Jesus tenham podido persuadir-se de que tenho o intento de escrever contra eles; com efeito, nada está mais distante de meu caráter e de meu modo de viver. Decerto componho uma *Suma de Filosofia* e admito que nela há várias coisas bem diferentes do que se tem o costume de ensinar em suas escolas, mas as proponho sem nenhum cuidado de contradição e somente por amor à verdade."

Carta a Huygens[8] de 31.01.1642
(AT, t. III, p. 523; extratos em Alq., t. II, p. 920)

"Talvez essas guerras escolásticas sejam a causa de meu Mundo logo vir ao mundo[9], e creio que isso se daria desde já, não fosse eu querer antes fazê-lo aprender a falar latim; e o nomearei *Summa Philosophiæ*[10], a fim de que se introduza mais facilmente na conversação da gente da Escola, que agora o persegue e busca sufocá-lo antes de seu nascimento, tanto os Ministros quanto os Jesuítas."

....

8. Constantino Huygens (1596-1687) ocupava importantes funções na corte das Províncias Unidas e se interessava de perto pela filosofia de Descartes, especialmente por suas aplicações científicas. É o pai do grande matemático Cristiano Huygens.

9. Jogo de palavras com o título da obra (o *Mundo*) que Descartes desistira de publicar em 1633 após a condenação de Galileu.

10. *Suma de filosofia.*

2. A noção de princípio.

Carta a Clerselier[11] de junho ou julho de 1646
(AT, t. IV, pp. 443-5; Alq., t. III, pp. 658-9)

"... mas pensei que não estivésseis preocupado em ter resposta à questão que vos aprouvestes propor-me, tocante ao que se deve tomar como *o primeiro princípio*, visto já a terdes respondido melhor do que eu poderia fazer.

Acrescento somente que a palavra *princípio* pode ser tomada em diversos sentidos, e que uma coisa é procurar *uma noção comum* que seja tão clara e geral que possa servir de princípio para provar a existência de todos os Seres, os *Entia*, que serão conhecidos posteriormente; outra coisa é procurar *um Ser* cuja existência nos seja mais conhecida que a de qualquer outro, de forma que nos possa servir de *princípio* para conhecê-los.

No primeiro sentido, pode-se dizer que *impossibile est idem simul esse et non esse*[12] é um princípio, e que ele pode em geral servir, não propriamente para dar a conhecer a existência de alguma coisa, mas somente para fazer que, quando a conhecemos, confirmemos sua verdade por um tal raciocínio: é impossível que o que é não seja; ora, conheço que tal coisa é; logo conheço que é impossível que ela não seja. O que é de bem pouca importância e não nos torna em nada mais sábios.

Noutro sentido, o primeiro princípio é *que nossa Alma existe*, visto não haver nada cuja existência nos seja mais notória.

....

11. Claude Clerselier (1614-1684), amigo e tradutor de Descartes. Após a morte do filósofo, editou suas obras.
12. É impossível a mesma coisa simultaneamente ser e não ser.

Acrescento ainda que não é uma condição que se deva requerer do primeiro princípio ser tal que todas as outras proposições se possam reduzir e provar por ele; é o bastante que possa servir para encontrar várias e que não haja outra de que dependa nem que possam ser encontradas antes dele. Pois pode ocorrer que não haja no mundo nenhum princípio ao qual sozinho todas as coisas possam reduzir-se; e a forma como se reduzem as outras proposições a esta: *impossibile est idem simul esse et non esse*, é supérflua e de nenhum uso; em vez disso, é com enorme utilidade que se começa assegurando-se a *existência de Deus*, e em seguida a de todas as criaturas, *pela consideração de sua própria existência.*"

II. A moral provisória

1. A terceira parte do Discurso do método.
(1637; AT, t. VI, pp. 22-31; Alq., t. I, pp. 591-601; MF, pp. 27-36)

Por fim, como, antes de começar a reconstruir a casa onde moramos, não basta demoli-la, prover-nos de materiais e de arquitetos, ou nós mesmos exercermos a arquitetura, e além disso ter-lhe traçado cuidadosamente a planta, mas também é preciso providenciar uma outra, onde nos possamos alojar comodamente enquanto durarem os trabalhos; assim, a fim de não permanecer irresoluto em minhas ações, enquanto a razão me obrigasse a sê-lo em meus juízos, e de não deixar de viver desde então do modo mais feliz que pudesse, formei para mim uma moral provisória[1] que consistia em apenas três ou quatro máximas que gostaria de vos expor.

....

1. No prefácio dos *Princípios*, Descartes explica: "Uma moral imperfeita que se pode seguir provisoriamente, enquanto não se conhece ainda uma melhor." A moral perfeita "pressupõe inteiro conhecimento das outras ciências" e é "o ápice da sabedoria". Entretanto, Descartes não nos deixou um tratado sistemático expondo essa moral. Mas *Tratado das paixões* e a correspondência com a princesa Elisabete mostram quais foram suas reflexões nesse campo.

A primeira era obedecer às leis e aos costumes de meu país, conservando com constância a religião na qual Deus me deu a graça de ser instruído desde minha infância, e governando-me em qualquer outra coisa segundo as opiniões mais moderadas e mais afastadas do excesso, que fossem comumente aceitas e praticadas pelas pessoas mais sensatas entre aquelas com quem teria de conviver. Pois, começando desde então a não levar em conta minhas próprias opiniões, porque queria submeter todas a exame, estava certo de nada melhor poder fazer do que seguir as dos mais sensatos. E, embora talvez haja pessoas tão sensatas entre os persas ou os chineses quanto entre nós, parecia-me que o mais útil era seguir aquelas com quem teria de viver; e que, para saber quais eram verdadeiramente suas opiniões, devia atentar mais ao que praticavam do que ao que diziam; não só porque, dada a corrupção de nossos costumes, há poucas pessoas que queiram dizer tudo o que crêem, mas também porque muitas o ignoram, pois, como a ação do pensamento pela qual cremos uma coisa é diferente daquela pela qual sabemos que cremos nela, amiúde uma não acompanha a outra[2]. E, entre as várias opiniões igualmente aceitas, só escolhia as mais moderadas; não só porque são sempre as mais cômodas para a prática, e verossimilmente as melhores, pois todo excesso costuma ser mau, mas também a fim de me afastar menos do verdadeiro caminho, caso me enganasse, do que se, tendo escolhido um dos extremos, o outro devesse ser seguido. E, particularmente, incluía entre os excessos todas as promessas pelas quais subtraímos algo

....

2. Descartes estabelece uma distinção entre o juízo, que é uma função da vontade, e o conhecimento, que é uma função do entendimento. Ora, sendo a crença um juízo, depende da vontade. Logo, posso fazer um juízo sem tomar conhecimento de que o faço.

da nossa liberdade. Não que desaprovasse as leis que, para remediar a inconstância dos espíritos fracos, permitem, quando se tem um bom propósito, ou mesmo para a segurança do comércio, algum propósito apenas indiferente, que se façam votos[3] ou contratos que obriguem a neles perseverar; mas como não via coisa alguma no mundo que permanecesse sempre no mesmo estado, e como, no que me dizia respeito, prometia-me aperfeiçoar cada vez mais meus juízos, e não os tornar piores, pensaria estar cometendo uma grande falta contra o bom senso se, por aprovar alguma coisa, achasse-me obrigado a ainda considerá-la boa depois, quando talvez tivesse deixado de sê-lo, ou eu tivesse deixado de considerá-la como tal.

Minha segunda máxima era ser o mais firme e resoluto que pudesse em minhas ações, e não seguir com menos constância as opiniões mais duvidosas, uma vez que por elas me tivesse determinado, do que as seguiria se fossem muito seguras[4]. Nisto imitando os viajantes que, achan-

....

3. Essas considerações sobre os votos religiosos, que parecem rebaixar-lhes a dignidade, apresentando-os como remédios para a *inconstância dos espíritos fracos*, levantou muitas objeções. Para se justificar, Descartes salientou que os votos não teriam nenhuma razão de existir sem a fraqueza da natureza humana (*carta a Mersenne* de 30 de agosto de 1640).

4. Esse traço inquietou alguns leitores e um deles censurou Descartes por preconizar uma obstinação cujas conseqüências podiam ser graves se a escolha inicial fosse má. Numa carta, Descartes responde à objeção: "Se eu tivesse dito, de forma absoluta, que é preciso não se arredar das opiniões que alguma vez decidimos seguir, mesmo que fossem duvidosas, eu não seria menos repreensível do que se tivesse dito que é preciso ser teimoso e obstinado... [Continua explicando que a segunda máxima só determina seguir com constância, na prática, opiniões duvidosas mas pelas quais nos decidimos porque nos parecem as melhores.] ... Disse coisa completamente diferente, isto é, que devemos ser resolutos nas ações, mesmo que permaneçamos irresolutos em nossos juízos, e não seguir com menos constância as opiniões mais duvidosas, isto é, não agir com menos constância ao seguir as opiniões que julgamos duvidosas, quando por ela nos decidimos, isto é, quando consideramos que

do-se perdidos em alguma floresta, não devem ficar perambulando de um lado para outro, e menos ainda ficar parados num lugar, mas andar sempre o mais reto que puderem na mesma direção, e não a modificar por razões insignificantes, mesmo que talvez, no início, tenha sido apenas o acaso que lhes tenha determinado a escolha: pois, desse modo, se não vão exatamente onde desejam, ao menos acabarão chegando a algum lugar, onde verossimilmente estarão melhor do que no meio de uma floresta. E assim, como as ações da vida freqüentemente não suportam nenhum adiamento, é uma verdade muito certa que, quando não está em nosso poder discernir as opiniões mais verdadeiras, devemos seguir as mais prováveis; e, ainda que não notemos mais probabilidades numas que nas outras, mesmo assim devemos nos determinar por algumas, e considerá-las depois, não mais como duvidosas, no que diz respeito à prática, mas como muito verdadeiras e muito certas, porque a razão que a isso nos determinou o é. E isso conseguiu, desde então, libertar-me de todos os arrependimentos e remorsos[5] que costumam agitar as cons-

....

não há outras que julgamos melhores ou mais certas, do que quando sabemos que aquelas são melhores; como, de fato, o são nessa situação. (...) E não há que se recear que essa firmeza na ação nos conduza cada vez mais ao erro ou ao vício, uma vez que o erro só pode existir no entendimento, que suponho, apesar disso, permanecer livre e considerar como duvidoso o que é duvidoso. Ademais, relaciono essa regra principalmente às ações da vida que não suportam adiamento, e só a utilizo provisoriamente, com o propósito de mudar minhas opiniões assim que puder encontrar melhores, e não perder nenhuma ocasião de procurá-las." Mais adiante conclui: "... não me parece que poderia ter usado de mais circunspeção do que usei, para pôr a resolução, na medida em que é uma virtude, entre os dois vícios que lhe são contrários, a saber: a indeterminação e a obstinação".

5. Descartes não condena os sentimentos ligados à lembrança do erro, mas sim "esse arrependimento fora de hora" (Gouhier) que freqüentemente obceca "os espíritos fracos e hesitantes".

ciências desses espíritos fracos e indecisos, que inconstantemente se deixam levar a praticar como boas as coisas que depois julgam serem más.

Minha terceira máxima era sempre tentar antes vencer a mim mesmo do que à fortuna[6], e modificar antes meus desejos do que a ordem do mundo, e, geralmente, acostumar-me a crer que não há nada que esteja inteiramente em nosso poder, a não ser os nossos pensamentos[7], de sorte que, depois de termos feito o que nos era possível no tocante às coisas que nos são exteriores, tudo o que nos falta conseguir é, em relação a nós, absolutamente impossível. E só isso me parecia suficiente para me impedir de desejar futuramente o que não pudesse adquirir, e, assim, para deixar-me contente. Pois, como nossa vontade é propensa por natureza a só desejar as coisas que nosso entendimento lhe apresenta de algum modo como possíveis, é certo que, se considerarmos todos os bens que estão fora de nós como igualmente afastados de nosso poder, não lastimaremos mais a falta daqueles que parecem ser devidos a nosso nascimento, quando deles formos privados sem nossa culpa, do que lastimamos não possuir os reinos da China ou do México; e que, fazendo, como se diz, da necessidade virtude, não desejaremos mais estar sãos, estando doentes, ser livres, estando presos, do que desejamos agora ter corpos de uma matéria tão pouco corruptível como os diamantes, ou asas para voar como os

....
6. O curso dos acontecimentos.
7. Numa carta em resposta a uma objeção. Descartes explica sua noção de pensamento: "Todas as operações da vontade, do entendimento, da imaginação e dos sentidos são pensamentos." Esta máxima, como a anterior, inspira-se no estoicismo (os filósofos a que alude mais adiante), sobretudo no *Manual*, de Epicteto.

pássaros. Mas confesso que são necessários um longo exercício e uma meditação muitas vezes reiterada para se acostumar a olhar desse ângulo todas as coisas; e creio que é precisamente nisso que consistia o segredo daqueles filósofos que outrora conseguiram subtrair-se do império da fortuna e, apesar das dores e da pobreza, rivalizar em felicidade com seus deuses[8]. Pois, ocupando-se sem cessar em considerar os limites que lhes eram prescritos pela natureza, persuadiam-se tão perfeitamente de que nada estava em seu poder além de seus pensamentos, que só isso bastava para impedi-los de terem qualquer apego por outras coisas; e dispunham de seus pensamentos de modo tão absoluto que isso lhes era uma razão para se considerarem mais ricos, mais poderosos, mais livres e mais felizes que qualquer dos outros homens que, não tendo essa filosofia, por mais favorecidos que sejam pela natureza e pela fortuna, nunca dispõem assim de tudo o que querem.

Por fim, para conclusão dessa moral, acudiu-me passar em revista as diversas ocupações que os homens têm nesta vida para procurar escolher a melhor; e, sem nada querer dizer das dos outros, pensei que o melhor que tinha a fazer era continuar naquela em que me encontrava, isto é, empregar toda a vida em cultivar a minha razão, e progredir, o quanto pudesse, no conhecimento da verdade, seguindo o método em que me havia prescrito. Experimentara contentamentos tão extremos, desde que começara a servir-me deste método, que não acreditava que se pudessem receber nesta vida outros mais suaves nem mais

---

8. Alusão ao paradoxo estóico segundo o qual os sábios são tão felizes quanto os deuses. Na frase seguinte, mais uma alusão aos paradoxos estóicos: apenas o sábio possui a riqueza, o poder, a liberdade, a felicidade.

inocentes; e, descobrindo todos os dias por seu intermédio algumas verdades, que me pareciam bastante importantes, e comumente ignoradas pelos outros homens, a satisfação que eu tinha preenchia tanto meu espírito que tudo o mais não me interessava. Ademais, as três máximas precedentes só se justificavam pelo propósito que eu tinha de continuar a instruir-me; pois, tendo Deus concedido a cada um de nós alguma luz para discernir o verdadeiro do falso, acreditei não me dever contentar um só momento com as opiniões dos outros, se não me tivesse proposto empregar meu próprio juízo em examiná-las no devido momento; e não teria sabido isentar-me de escrúpulos, seguindo-as, se não esperasse com isso não perder nenhuma ocasião de encontrar outras melhores, caso as houvesse. E, enfim, não teria sabido limitar meus desejos, nem me contentar, se não tivesse seguido um caminho pelo qual, pensando estar seguro da aquisição de todos os conhecimentos de que seria capaz, pensava está-lo também da aquisição de todos os verdadeiros bens que jamais estivessem ao meu alcance; tanto mais que, como nossa vontade não se inclina a seguir alguma coisa ou a fugir dela a não ser conforme nosso entendimento a apresente como boa ou má, basta bem julgar para bem proceder, e julgar o melhor possível para proceder da melhor maneira, isto é, para adquirir todas as virtudes, e junto todos os outros bens que se possam adquirir; e quando disso se tem certeza não se pode deixar de estar contente.

Após ter-me assim assegurado dessas máximas, e tê-las posto à parte[9], com as verdades da fé, que sempre foram as primeiras em minha crença, julguei que, quanto a

---

9. Isto é, tê-las excluído da dúvida.

todas as minhas outras opiniões, podia livremente empenhar-me em me desfazer delas. E, como esperava obter melhor resultado convivendo com os homens do que permanecendo por mais tempo fechado no quarto aquecido onde tivera todos esses pensamentos, nem bem o inverno tinha terminado quando recomecei a viajar. E em todos os nove anos seguintes outra coisa não fiz senão rodar de cá para lá no mundo, procurando ser mais espectador do que ator em todas as comédias que nele se representam; e refletindo particularmente em cada matéria, sobre o que a podia tornar suspeita e levar-nos a enganos, eu ia desenraizando de meu espírito todos os erros que antes pudessem ter-se insinuado nele. Não que assim eu imitasse os cépticos[10], que duvidam só por duvidar, e afetam ser sempre irresolutos; pois, ao contrário, todo o meu propósito só tendia a me dar segurança e a afastar a terra movediça e a areia para encontrar a rocha ou a argila. Nisso era muito bem-sucedido, ao que me parece, tanto mais que, procurando descobrir a falsidade e a incerteza das proposições que examinava, não por fracas conjeturas, mas por raciocínios claros e seguros, não encontrava nenhuma tão duvidosa que dela não tirasse sempre alguma conclusão bastante certa, quando mais não fosse a própria conclusão de que ela nada continha de certo. E, como ao se derrubar uma velha casa conservam-se geralmente os materiais da demolição para usá-los na construção de

....

10. Segundo E. Gilson, a dúvida cartesiana não consiste em pairar, incertamente, entre a afirmação e a negação; ao contrário, demonstra que aquilo que o pensamento põe em dúvida é falso ou insuficientemente evidente para se afirmar como verdadeiro. A dúvida céptica considera a incerteza como o estado normal do pensamento, ao passo que Descartes o considera como uma doença de que propõe curar-se. Mesmo quando retoma os argumentos dos cépticos é, portanto, num espírito totalmente diferente do deles.

uma nova, do mesmo modo, ao destruir todas as minhas opiniões que julgava mal fundamentadas eu fazia diversas observações e adquiria muitas experiências, que me serviram depois para estabelecer outras mais certas. E, além disso, continuava a me exercitar no método que me prescrevera; pois, além de ter o cuidado de conduzir geralmente todos os meus pensamentos de acordo com as regras, reservava de quando em quando algumas horas, que empregava especialmente em praticá-lo em dificuldades de matemática, ou mesmo em outras[11] que podia tornar quase semelhantes às das matemáticas, separando-as de todos os princípios das outras ciências que não julgasse bastante firmes, como vereis que fiz com muitas que são explicadas neste volume. Assim, sem viver, aparentemente, de um modo diferente daqueles que, tendo como única ocupação passar uma vida suave e inocente, aplicam-se em separar os prazeres dos vícios, e que, para usufruir seu lazer sem aborrecimentos, usam de todas as distrações que são honestas, eu não deixava de perseverar em meu propósito e de progredir no conhecimento da verdade, talvez mais do que se me restringisse a ler livros ou a freqüentar letrados.

Todavia, esses nove anos se passaram antes que eu tivesse tomado algum partido acerca das dificuldades que costumam ser discutidas entre os doutos, ou começado a procurar os fundamentos de alguma filosofia mais certa que a vulgar[12]. E o exemplo de muitos espíritos excelen-

....

11. Os problemas de física que Descartes resolve pelo método da matemática, separando-os dos princípios da física escolástica, como fez nos ensaios que seguem o *Discurso* na edição original.
12. A filosofia vulgar, isto é, a escolástica; vulgar não tem sentido pejorativo.

tes[13] que, tendo tido antes esse propósito, não me pareciam terem sido bem-sucedidos, fazia-me imaginar tantas dificuldades que talvez não tivesse ousado empreendê-lo ainda tão cedo se não soubesse que alguns faziam circular o boato de que eu já o tinha terminado. Não saberia dizer em que fundamentavam essa opinião; e, se em algo contribuí para isso em meus discursos, deve ter sido mais por confessar o que ignorava mais ingenuamente do que costumam fazer os que estudaram um pouco, e talvez também por mostrar as razões que tinha para duvidar de muitas coisas que os outros consideram certas, do que por me vangloriar de alguma doutrina. Mas, sendo bastante altivo para não querer que me tomassem pelo que não era, pensei que devia procurar, por todos os meios, tornar-me digno da reputação que me atribuíam; e faz justamente oito anos que esse desejo levou-me à resolução de afastar-me de todos os lugares onde pudesse ter conhecidos e retirar-me para aqui, um país onde a longa duração da guerra[14] fez estabelecer-se tal ordem que os exércitos que nele se mantêm parecem servir apenas para que se gozem os frutos da paz com muito mais segurança, e onde, entre a multidão de um grande povo muito ativo e mais preocupado com seus próprios negócios do que curioso dos alheios, sem me faltar nenhuma das comodidades das cidades mais freqüentadas, pude viver tão solitário e retirado como nos mais longínquos desertos.

....

13. Segundo E. Gilson, Descartes refere-se a Ramus (Pierre de La Ramée), matemático e reformulador da lógica, e a Francis Bacon, de quem se conhece o projeto de uma restauração da ciência com base no método experimental.
14. A Holanda. Trata-se da guerra de libertação das Províncias Unidas contra a Espanha, que começou em 1572, foi interrompida por uma trégua de 1609 a 1621, e terminou com o congresso de Münster.

2. Descartes comenta a moral provisória.

Carta a Reneri para Pollot[15] de abril ou maio de 1638 (AT, t. II, pp. 35-7; Alq., t. II, pp. 49-53)

"Primeiramente, é verdade que, se eu tivesse dito absolutamente que é preciso apegar-se às opiniões que uma vez determinou-se seguir, ainda que fossem duvidosas, eu não seria menos repreensível do que se tivesse dito que é preciso ser voluntarioso e obstinado; visto que se apegar a uma opinião é o mesmo que perseverar no julgamento que se fez. Mas eu disse coisa completamente diferente, a saber, que é preciso ser resoluto em suas ações, mesmo quando se permanece irresoluto em seus julgamentos, e não seguir menos constantemente as opiniões mais duvidosas, isto é, não agir menos constantemente seguindo as opiniões que são julgadas duvidosas, quando uma vez se determinou a isso, isto é, quando se considerou que não há outras que são julgadas melhores ou mais certas, do que se se soubesse que eram as melhores; como efetivamente o são sob essa condição. E não se deve temer que essa firmeza na ação nos enleie mais e mais no erro ou no vício, porquanto o erro não pode estar senão no intelecto, o qual suponho, não obstante isso, permanecer livre e considerar como duvidoso o que é duvidoso. Ademais, relaciono essa regra principalmente com as ações da vida que não toleram nenhum retardo e sirvo-me dela apenas provisoriamente, com a intenção de

---

15. Henrique Reneri (ca. 1593-1639), amigo de Descartes, foi sem dúvida o primeiro a ensinar a filosofia cartesiana na Universidade de Utrecht. Alphonse Pollot (1602-1668), amigo de Descartes, pôs a seu serviço sua influência na corte da Províncias Unidas.

mudar minhas opiniões, tão logo possa encontrar melhores, e não perder nenhuma ocasião de procurá-las. De resto fui obrigado a falar dessa resolução e firmeza no tocante às ações tanto por ser ela necessária ao repouso da consciência quanto para impedir que me censurassem por ter escrito que, para evitar a prevenção, é preciso uma vez na vida desfazer-se de todas as opiniões as quais antes deu-se crédito; pois aparentemente poderiam me objetar que essa dúvida tão universal pode produzir uma grande irresolução e um grande desregramento nos costumes. De forma que não me parece que eu poderia ter usado mais circunspecção do que fiz, para colocar a resolução, na medida em que é uma virtude, entre os dois vícios que lhe são contrários, a saber, a indeterminação e a obstinação.

"2. Não me parece que seja uma ficção, mas uma verdade, que não deve ser negada por ninguém, que não há nada que esteja inteiramente em nosso poder senão nossos pensamentos; ao menos tomando a palavra pensamento como faço, por todas as operações da alma, de forma que não somente as meditações e as vontades, mas até mesmo as funções de ver, ouvir, determinar-se a um movimento de preferência a outro etc., e enquanto dependem dela, são pensamentos. E apenas as coisas compreendidas sob essa palavra são propriamente atribuídas ao homem em língua de Filósofo; pois, no que tange às funções que pertencem só ao corpo, diz-se que se dão no homem e não pelo homem. Além disso, pela palavra *inteiramente*, e pelo que segue, a saber, que, quando fizemos todo o possível no tocante às coisas exteriores, tudo o que nos falta para termos êxito é com relação a nós *absolutamente* impossível; atesto suficientemente que não quis dizer, com isso, que as coisas exteriores não estivessem de modo algum em nosso poder, mas sim que o estão só enquanto podem seguir-se de nossos pensamentos, e não *absolutamente* nem *inteiramente*, visto haver outras potências fora de nós que podem impedir os efeitos de nossas intenções. E até, para exprimir-me melhor, acrescentei estas duas palavras juntas: *com relação a nós* e *absolutamente*, as quais os críticos poderiam repreender como se contradizendo uma à outra, não fosse a inteligência do sentido, que as concorda. Ora, não obstante seja verdadeiríssimo que coisa alguma exterior está em nosso poder, senão enquanto depende da direção de nossa alma, e que nada o está absolutamente, senão nossos pensamentos; e não haja, parece-me, ninguém que possa criar dificuldade em concedê-lo ao pensar nisso expressamente; disse contudo que é preciso acostumar-se a crê-lo, e mesmo que são necessários para esse efeito um longo exercício e uma meditação amiúde reiterada; a razão é que nossos apetites e nossas paixões ditam-nos continuamente o contrário; e que tantas vezes experimentamos, desde nossa infância, que chorando ou mandando etc. fizemo-nos obedecer por nossas amas, e obtivemos as coisas que desejávamos, que insensivelmente nos persuadimos de que o mundo era feito só para nós, e que todas as coisas nos eram devidas. No que aqueles que nasceram grandes e felizes têm mais ocasião de se enganarem; e se vê também que são ordinariamente eles que suportam mais impacientemente as desgraças da fortuna. Mas não há, parece-me, ocupação mais digna para um Filósofo que se acostumar a crer no que lhe dita a verdadeira razão e guardar-se das falsas opiniões de que seus apetites naturais o persuadem."

Resposta às segundas objeções
(1641; texto latino em AT, t. VII, p. 149; tradução francesa em AT, t. IX, pp. 116-7; Alq., t. II, pp. 574-5; GF nº 328, pp. 273-4.)[16]

"De resto, peço-vos aqui que lembreis de que, no tocante às coisas que a vontade pode abraçar, sempre fiz uma grande distinção entre o uso da vida e a contemplação da verdade. Pois, no que se relaciona com o uso da vida, longe de eu pensar que é preciso seguir apenas as coisas que conhecemos muito claramente, sustento ao contrário que nem sempre é preciso aguardar o mais verossimilhante, mas é preciso algumas vezes, entre várias coisas de todo desconhecidas e incertas, escolher uma e determinar-se a ela, e depois não crer nela menos firmemente, enquanto não virmos razões em contrário, do que se a tivéssemos escolhido por razões certas e evidentíssimas, como já expliquei no *Discurso do método*. Mas onde se trata apenas da contemplação da verdade, quem nunca negou que seja preciso suspender o julgamento em relação às coisas obscuras e que não são assaz distintamente conhecidas?"

Carta a Hyperaspistes[17] de agosto de 1641
(texto latino em AT, t. III, pp. 422-3; tradução francesa em Alq., t. II, pp. 359-60)

"Seguramente seria desejável tanta certeza nas coisas que concernem à conduta da vida quanto se requer para

---
16. O leitor encontrará a tradução integral das *Segundas objeções e respostas* no volume Descartes da coleção "Os Pensadores". (N. do T.)

17. Esta palavra grega, que significa "defensor de uma causa" ou "soldado de reserva", designa um anônimo que, em 1641, enviou a Descartes uma série de objeções sobre as *Meditações*,

adquirir a ciência; contudo, é muito fácil demonstrar que nessas coisas é desnecessário procurar e esperar tão grande certeza: e isso, *a priori*, pelo fato de o composto humano ser por sua natureza corruptível e de o espírito ser incorruptível e imortal; mas isso pode ainda ser demonstrado mais facilmente *a posteriori*, pelas conseqüências que daí se seguiriam: como, por exemplo, se alguém quisesse abster-se inteiramente de alimentação, até morrer de fome, sob o pretexto de que não estaria certo de nenhum veneno ter sido misturado a ela, e que acreditasse não ser obrigado a comer, porque não seria claro nem evidente que tinha diante de si algo com que sustentar sua vida, e que mais vale esperar a morte abstendo-se de comer do que se matar a si mesmo comendo; certamente, esse deveria ser qualificado de louco e acusado de ser seu próprio assassino. Se ao contrário supusermos que esse homem não pode ter outros alimentos senão os envenenados, e que estes todavia não lhe parecem tais, mas ao contrário muito salutares; e se supusermos também que recebeu da natureza um temperamento tal que a abstinência completa serve à sua saúde, ainda que lhe pareça que ela não lhe seja menos nociva que aos outros homens; não obstante isso, esse homem será obrigado a usar tais alimentos, e assim fazer antes o que lhe parece útil do que aquilo que verdadeiramente o é. E isso é por si tão manifesto que me espanta que alguém tenha podido ver de maneira diferente[18]."

....
18. Insistindo sobre a impossibilidade de um saber certo das "coisas que concernem à conduta da vida", esta carta é tanto um comentário da "moral provisória" quanto uma primeira explicação do fracasso do projeto de moral "definitiva".

3. A retomada da "moral provisória" na Carta a Elisabete[19] de 04.08.1645

(AT, t. IV, pp. 263-8; Alq., t. III, pp. 587-91; GF nº 513, pp. 110-3)

"Senhora,

"Quando escolhi o livro de Sêneca *De vita beata*[20] para propô-lo à Vossa Alteza como um entretimento que lhe pudesse ser agradável, tive em vista apenas a reputação do autor e a dignidade da matéria, sem pensar na maneira como ele a trata, a qual, tendo depois considerado, não acho bastante exata para merecer ser seguida. Porém, a fim de que Vossa Alteza possa julgá-lo mais comodamente, tratarei de explicar aqui em que sentido parece-me que a matéria deveria ter sido tratada por um Filósofo tal como ele, que, não sendo esclarecido pela fé, não tinha mais que a razão natural como guia.

"Ele diz muito bem, no começo, que *vivere omnes beate volunt, sed ad pervidendum quid sit quod beatam vitam efficiat, caligant*[21]. Mas é mister saber o que é *vivere beate*[22]; eu diria em francês *vivre heureusement* (viver felizmente), não fosse haver diferença entre o *heur*[23] e a

....

19. Elisabete da Boêmia (1618-1680), princesa palatina no exílio, entrou em contato com Descartes em 1642. Ela mantém com o filósofo uma importante correspondência, especialmente sobre as questões de moral. Os *Princípios da filosofia* lhe são dedicados (ver abaixo extratos dessa dedicatória).
20. *Da vida feliz*. Sêneca (4 a.C.-65), filósofo romano, adepto do estoicismo. Na precedente *Carta a Elisabete* de 21.07.1645, Descartes aconselhara à princesa a leitura dessa obra.
21. "Todos querem viver felizmente, mas, quando cabe ver com clareza o que faz a vida feliz, cegam-se."
22. "Viver felizmente."
23. "Heur" significa encontro ou acontecimento fortuitos, que não são controlados. No caso, trata-se do "bon-heur", ou seja, de acontecimentos que trazem vantagem e êxito, em oposição a "mal- heur".

beatitude, haja vista o *heur* depender apenas das coisas que estão fora de nós, donde vem que são estimados mais *heureux* (felizes) que sábios aqueles aos quais ocorreu algum bem que eles não se concederam, ao passo que a beatitude consiste, parece-me, em um perfeito contentamento de espírito e uma satisfação interior, que ordinariamente não é possuída por aqueles que são os mais favorecidos pela fortuna, e que é adquirida pelos sábios sem ela. Assim, *vivere beate*, viver em beatitude, não é outra coisa que ter o espírito perfeitamente contente e satisfeito.

"Considerando, em seguida, o que é *quod beatam vitam efficiat*[24], ou seja, quais são as coisas que nos podem dar esse soberano contentamento, observo que as há de dois tipos, a saber: as que dependem de nós, como a virtude e a sabedoria, e as que não dependem de nós, como as honras, as riquezas e a saúde. Pois é certo que um homem bem nascido, que não está doente, a quem nada falta, e que com isso é ainda tão sábio e tão virtuoso quanto um outro que é pobre, malsão e disforme, pode gozar dum contentamento mais perfeito que ele. Todavia, como uma pequena vasilha pode estar tão plena quanto uma maior, ainda que contenha menos licor, assim, tomando o contentamento de cada um como a plenitude e a realização de seus desejos regrados segundo a razão, não duvido que os mais pobres ou os mais desgraçados pela fortuna ou pela natureza não possam estar inteiramente contentes e satisfeitos, tanto quanto os outros, ainda que não gozem de tantos bens. E aqui só está em questão esse tipo de contentamento; pois, visto que o outro de modo algum está em nosso poder, a investigação seria supérflua.

---

24. "O que faz a vida feliz."

"Ora, parece-me que cada um pode ficar contente consigo mesmo e sem nada esperar de alhures, contanto somente que observe três coisas, às quais se referem as três regras de moral que dei no *Discurso do método*.

"A primeira é que busque sempre servir-se, o quanto lhe for possível, de seu espírito, para conhecer o que deve fazer ou não fazer em todas as circunstâncias da vida.

"A segunda, que tenha uma firme e constante resolução de executar tudo o que a razão aconselhar-lhe, sem que suas paixões ou seus apetites desviem-no disso; e é a firmeza dessa resolução que creio dever ser tomada como a virtude, se bem eu não saiba de ninguém que alguma feita a tenha assim explicado; mas ela foi dividida em várias espécies, às quais se deram diversos nomes, por causa dos diversos objetos aos que ela se estende.

"A terceira, que considere que, enquanto assim se conduz, quanto pode, segundo a razão, todos os bens que não possui estão tão inteiramente fora de seu poder uns como outros, e que, por esse meio, acostuma-se a não desejá-los; pois não há nada afora o desejo e o remorso ou arrependimento que nos possa impedir de estar contentes; mas, se fazemos sempre tudo o que nos dita nossa razão, nunca teremos nenhum motivo de arrependermo-nos, ainda que os acontecimentos nos façam ver, posteriormente, que nos enganamos, já que não foi por nossa culpa. E o que faz que não desejemos ter, por exemplo, mais braços ou línguas do que temos, mas que desejemos muito ter mais saúde ou mais riquezas é somente que imaginamos que estas coisas poderiam ser adquiridas por nossa conduta, ou então que são devidas à nossa natureza, e que elas não são como as outras; opinião da qual nos poderemos despojar considerando que, porquanto sempre seguimos o conselho de nossa razão, não omitimos nada do que estava em nosso poder, e que as doenças e os infortúnios não são menos naturais ao homem que as prosperidades e a saúde.

"De resto, nem todos os tipos de desejo são incompatíveis com a beatitude, mas tão-somente aqueles que são acompanhados de impaciência e tristeza. Não é necessário também que nossa razão nunca se engane; basta que nossa consciência nos testemunhe que nunca nos faltaram resolução e virtude, para executar todas as coisas que julgamos ser as melhores, e assim a virtude sozinha é suficiente para nos tornar contentes nesta vida. Não obstante porque, quando não esclarecida pelo intelecto, ela pode ser falsa, isto é, a vontade e resolução de bem fazer podem levar-nos a coisas más quando as cremos boas, o contentamento que daí sobrevém não é sólido; e porque se opõe ordinariamente essa virtude aos prazeres, aos apetites e às paixões, é muito difícil de pô-la em prática, ao passo que o reto uso da razão, dando um verdadeiro conhecimento do bem, impede que a virtude seja falsa, e até mesmo concordando-a com os prazeres lícitos, torna seu uso tão fácil, e fazendo-nos conhecer a condição de nossa natureza restringe de tal modo nossos desejos que é preciso confessar que a maior felicidade do homem depende desse reto uso da razão, e por conseguinte que o estudo que serve para adquiri-lo é a mais útil ocupação que se pode ter, assim como também é sem dúvida a mais agradável e a mais doce.

"Por conseguinte, parece que Sêneca deveria ter-nos ensinado todas as principais verdades cujo conhecimento é requerido para facilitar o uso da virtude e regrar nossos desejos e nossas paixões, e assim gozar da beatitude natural; o que teria tornado seu livro o melhor e o mais útil que um Filósofo pagão poderia ter escrito. Todavia, esta é só minha opinião, a qual submeto ao julgamento de Vossa Alteza; e, se conceder-me o favor de advertir-me em que falho, eu lhe terei enorme obrigação e testemunharei, corrigindo-me, que sou,

    Senhora,
        de Vossa Alteza,
    o mais humilde e obediente servidor,
        Descartes."

III. Sabedoria e soberano bem

Já na primeira das *Regras para a orientação do espírito* (ver AT, t. X, pp. 360-1; Alq., t. I, pp. 78-80; MF, pp. 2-4), a "sabedoria" é um tema que preocupa Descartes. Daí por diante ele retornará ao assunto várias vezes, sobretudo nos últimos anos de vida. Damos abaixo alguns dos textos concernentes ao assunto. Para aprofundar o tema, poder-se-á ler o conjunto da correspondência de Descartes com a princesa Elisabete e com a rainha Cristina (GF nº 513).

Epístola dedicatória dos *Principia philosophiæ*
(1644; texto latino em AT, t. VIII, pp. 1-4; tradução francesa em AT, t. IX, pp. 21-3, Alq., t. III, pp. 87-90)

"... É por isso que não porei nesta carta senão aquilo de que a experiência e a razão[1] me tenham dado a certeza; e escreverei como Filósofo, assim como no restante do livro. Há muita diferença entre as verdadeiras virtudes e as que são apenas aparentes; e há muita também entre as verdadeiras, que procedem de um conhecimento exato da verdade, e as que são acompanhadas de ignorância ou erro. As virtudes que nomeio aparentes não são, no sentido próprio, senão vícios, que, não sendo tão fre-

---
1. O texto latino diz "a experiência ou a razão".

qüentes quanto outros vícios que lhes são contrários, costumam ser mais estimados que as virtudes que consistem na mediania de que esses vícios opostos são os excessos. Assim, porque há bem mais pessoas que temem demasiado os perigos do que as há que os temem demasiado pouco, a temeridade é freqüentemente tomada como uma virtude, e ela irrompe em bem mais ocasiões do que o faz a verdadeira coragem; assim, os pródigos costumam ser mais louvados que os liberais; e aqueles que são verdadeiramente pessoas de bem não adquirem tanta reputação de serem devotos quanto o logram os supersticiosos e os hipócritas. Quanto às verdadeiras virtudes, elas não provêm todas de um verdadeiro conhecimento, mas há as que nascem também algumas vezes do defeito ou do erro: assim a simplicidade amiúde é causa da bondade, o medo dá a devoção, e, o desespero, a coragem. Ora, as virtudes que são assim acompanhadas de alguma imperfeição são diferentes entre si, e se lhes deram diversos nomes. Mas aquelas que são tão puras e perfeitas que provêm unicamente do conhecimento do bem são todas de mesma natureza, e podem ser compreendidas sob o nome único de Sabedoria. Pois quem quer que tenha uma vontade firme e constante de usar sempre da razão[2] o melhor que estiver em seu poder, e fazer em todas suas ações o que julgar ser o melhor, é verdadeiramente sábio, tanto quanto sua natureza permite que o seja; e só por isso é justo, corajoso, moderado e tem todas as outras virtudes, mas de tal modo juntas entre si que não há nenhuma que apareça mais que as outras; é por isso que, ainda que sejam muito mais perfeitas que aquelas que o amálgama de algum defeito faz brilhar, todavia, porque o comum dos ho-

---

2. O texto latino diz "sua razão".

mens as nota menos, não se tem o costume de dar-lhes tantos louvores. Além disso, das duas coisas requeridas pela Sabedoria assim descrita, a saber, que o intelecto conheça tudo o que é bem e que a vontade esteja sempre disposta a segui-lo, só aquela que consiste na vontade pode ser igualmente possuída por todos os homens, ao passo que o intelecto de alguns não é tão bom quanto o de outros. Porém, ainda que aqueles que não têm o máximo de espírito possam ser tão perfeitamente sábios quanto sua natureza o permita, e tornarem-se muito agradáveis a Deus por sua virtude desde que apenas tenham sempre uma firme resolução de fazer todo o bem que puderem, e nada omitir para aprender o que ignoram; todavia, aqueles que, com uma constante vontade de bem fazer e um cuidado bem particular de instruir-se, têm também um excelentíssimo espírito, alcançam sem dúvida um grau mais alto de Sabedoria do que os outros..."

Carta a Elisabete de 18.08.1645
(AT, t. IV, pp. 275-7; Alq., t. III, pp. 595-8; GF nº 513, pp. 119-21)

"... Noto, primeiramente, que há diferença entre a beatitude, o soberano bem e o fim último ou o escopo ao qual devem tender nossas ações; pois a beatitude não é o soberano bem, mas o pressupõe, e ela é o contentamento ou a satisfação de espírito que provém de sua posse. Mas, como fim de nossas ações, pode-se entender um e outro; pois o soberano bem é sem dúvida a coisa que devemos propor como escopo em todas as nossas ações, e o contentamento de espírito que daí sobrevém, sendo o atrativo que nos leva a procurá-lo, é também com acerto nomeado nosso fim.

"Noto, além disso, que a palavra volúpia foi tomada num sentido por Epicuro e noutro por aqueles que disputaram contra ele; pois todos seus adversários restringiram a significação da palavra aos prazeres dos sentidos, e ele, ao contrário, estendeu-a a todos os contentamentos do espírito [...]

"Ora, houve três opiniões principais, entre os Filósofos pagãos no tocante ao soberano bem e ao fim de nossas ações, a saber: a de Epicuro, que disse que era a volúpia; a de Zenão[3], que quis que fosse a virtude; e a de Aristóteles, que o compôs de todas as perfeições, tanto do corpo quanto do espírito. Três opiniões que podem, parece-me, ser recebidas como verdadeiras e concordes entre si, desde que sejam favoravelmente interpretadas.

"Aristóteles, com efeito, tendo considerado o soberano bem de toda a natureza humana em geral, isto é, aquele que o mais perfeito de todos os homens pode ter, teve razão em compô-lo de todas as perfeições de que a natureza humana é capaz; mas isso não serve para nosso uso.

"Zenão, ao contrário, considerou aquele que cada homem em seu particular pode possuir; é por isso que também teve muito boa razão em dizer que ele consiste apenas na virtude, já que ela é a única, dentre os bens que podemos ter, que depende inteiramente de nosso livre-arbítrio. Mas ele representou esta virtude tão severa e tão inimiga da volúpia, fazendo todos os vícios iguais, que não houve, parece-me, senão melancólicos, ou espíritos inteiramente desligados do corpo, que puderam ser seus seguidores.

---

3. Zenão de Cício (335-264 a.C.), filósofo grego, fundador do estoicismo. Sobre Epicuro e Aristóteles, ver nossas notas à *Carta-prefácio* dos *Princípios*.

"Enfim, Epicuro não estava errado, ao considerar em que consiste a beatitude e qual é o motivo ou fim a que tendem nossas ações, em dizer que é a volúpia em geral, isto é, o contentamento do espírito; pois, ainda que só o conhecimento de nosso dever nos pudesse obrigar a fazer boas ações, isto não nos faria contudo gozar de nenhuma beatitude, se daí não nos sobreviesse nenhum prazer. Mas porque amiúde se atribui o nome de volúpia a falsos prazeres, que são acompanhados ou seguidos de inquietudes, desgostos e arrependimentos, vários acreditaram que a opinião de Epicuro ensinava o vício; e com efeito ela não ensina a virtude. Mas como, quando há em algum lugar um prêmio por acertar o alvo, faz-se que tenham desejo de acertá-lo aqueles a quem se mostra o prêmio, mas nem por isso o podem ganhar, se não vêem o alvo, e aqueles que vêem o alvo nem por isso são incitados a acertá-lo, se não sabem que há um prêmio a ganhar; assim, a virtude, que é o alvo, não se faz muito desejar, quando é vista sozinha; e o contentamento, que é o prêmio, não pode ser adquirido, se aquela não for perseguida.

"É por isso que creio poder concluir aqui que a beatitude consiste apenas no contentamento do espírito, ou seja, no contentamento em geral; pois, mesmo havendo contentamentos que dependem do corpo e outros que dele não dependem, nenhum deles existe, todavia, senão no espírito; mas como para ter um contentamento que seja sólido é mister seguir a virtude, ou seja, ter uma vontade firme e constante de executar tudo o que julgamos ser o melhor e empregar toda a força de nosso intelecto em julgar bem..."

Carta a Cristina da Suécia[4] de 20.11.1647
(AT, t. V, pp. 81-5; Alq., t. III, pp. 745-8; GF nº 513, pp. 270-3.)

"Senhora,

"Soube pelo Sr. Chanut[5] que aprazeria a Vossa Majestade que eu tivesse a honra de expor-lhe a opinião que tenho no tocante ao Soberano Bem, considerado no sentido em que os Filósofos antigos dele falaram; e tomo essa ordem como tão grande favor que o desejo que tenho de obedecer-lhe desvia-me de todo outro pensamento e faz que, sem escusar minha insuficiência, ponha aqui, em poucas palavras, tudo o que poderei saber sobre essa matéria.

"Pode-se considerar a bondade de cada coisa em si mesma, sem relacioná-la com o bem de outrem, sentido em que evidentemente é Deus que é o soberano bem, visto ser incomparavelmente mais perfeito que as criaturas; mas pode-se também relacioná-la conosco, e neste sentido não vejo nada que devamos estimar bem senão o que de alguma forma nos pertence, e que é tal que para nós é perfeição possuí-lo. Assim, os Filósofos antigos, que, não sendo esclarecidos pela luz da Fé, nada sabiam da beatitude sobrenatural, consideravam apenas os bens que podemos possuir nesta vida; e era entre estes que procuravam qual seria o soberano, isto é, o principal e o maior.

"Mas, a fim de poder determiná-lo, considero que não devemos estimar bens, no que nos respeita, senão os que possuímos ou então que temos poder de adquirir. E, isto

---

4. Cristina (1626-1689), rainha da Suécia. A partir de 1647, Descartes corresponde-se com ela. Em 1649, ela o fez ir para a Suécia, onde ele morreu.

5. Hector-Pierre Chanut (1601-1662), residente do rei e depois embaixador da França na Suécia. Amigo de Descartes desde 1644, foi ele quem pôs o filósofo em contato com a rainha Cristina.

posto, parece-me que o soberano bem de todos os homens em conjunto é um amontoado ou uma reunião de todos os bens, tanto da alma quanto do corpo e da fortuna, que podem estar em alguns homens; mas que aquele de cada um em particular é totalmente diferente e consiste apenas numa firme vontade de bem fazer e no contentamento que ela produz. A razão disso é que não observo nenhum outro bem que me pareça tão grande nem que esteja inteiramente no poder de cada um. Pois, quanto aos bens do corpo e da fortuna, não dependem absolutamente de nós; e os da alma relacionam-se todos com duas atividades, que são, uma, conhecer, a outra, querer o que é bom; mas o conhecimento está com freqüência para além de nossas forças; é por isso que resta apenas nossa vontade, da qual podemos absolutamente dispor. E não vejo que seja possível melhor dispor dela senão tendo sempre uma firme e constante resolução de fazer exatamente todas as coisas que julgarmos serem as melhores e empregar todas as forças de nosso espírito em conhecê-las bem. É só nisso que consistem todas as virtudes; é só isso que, propriamente falando, merece louvor e glória; enfim, é só disso que resulta sempre o maior e mais sólido contentamento da vida. Assim, estimo que é nisso que consiste o soberano bem.

"E por esse meio penso concordarem as duas mais contrárias e mais célebres opiniões dos antigos, a saber, a de Zenão, que o pôs na virtude ou na honra, e a de Epicuro, que o pôs no contentamento, a que ele deu o nome de volúpia. Pois como todos os vícios vêm apenas da incerteza e da fraqueza que se seguem à ignorância, e que fazem nascer os arrependimentos, assim, a virtude consiste apenas na resolução e no vigor com que somos levados a fazer as coisas que cremos serem boas, contanto que esse vigor não venha da obstinação mas de sabermos que os examinamos tanto quanto moralmente temos poder. E, mesmo que o que então façamos possa ser mau, estamos todavia seguros de que cumpramos nosso dever; ao passo que, se executamos alguma ação de virtude, e entretanto pensamos mal fazer, ou negligenciamos saber o que é, não agimos como homens virtuosos. No que tange à honra e ao louvor, são amiúde atribuídos aos outros bens da fortuna; mas, porque estou seguro de que Vossa Majestade faz mais questão de sua virtude que de sua coroa, não temerei dizer aqui que não me parece que haja algo afora essa virtude que se tenha justa razão de louvar. Todos os outros bens merecem somente ser estimados, e não honrados e louvados, a não ser enquanto se pressupõe que são adquiridos ou obtidos de Deus pelo bom uso do livre-arbítrio; pois a honra e o louvor é uma espécie de recompensa, e nada há, senão o que depende da vontade, que se tenha motivo de recompensar ou punir.

"Resta-me ainda provar aqui que é desse bom uso do livre-arbítrio que provém o maior e mais sólido contentamento da vida; o que me parece não ser difícil, já que, considerando cuidadosamente em que consiste a volúpia ou prazer, e em geral todos os tipos de contentamentos que podemos ter, observo em primeiro lugar que não há nenhum que não esteja inteiramente na alma, ainda que vários dependam do corpo; tal como é a alma que vê, embora isso se dê por intermédio dos olhos. Em seguida, observo que não há nada que possa dar contentamento à alma afora a opinião que ela tem de possuir algum bem, e que amiúde esta opinião não é nela senão uma representação muito confusa, e até mesmo que sua união com o corpo é causa de ordinariamente ela representar-se certos bens incomparavelmente maiores do que são; mas que, se ela conhecesse distintamente o justo valor deles, seu contentamento seria sempre proporcional à grandeza do bem de que ele procedesse. Observo também que a grandeza de um bem, no que nos respeita, não deve somente ser medida pelo valor da coisa em que ele consiste, mas também principalmente pela forma como se relaciona conosco; e que afora o fato de o livre-arbítrio ser por si a coisa mais nobre que possa haver em nós, na medida em que nos torna de alguma forma semelhantes a Deus e parece isentar-nos de estarmos sujeitos a ele, e que, por conseguinte, seu bom uso é o maior de todos os nossos bens, ele é também aquilo que é mais propriamente nosso e que mais nos importa; segue-se daí que é apenas dele que podem proceder nossos maiores contentamentos. Vê-se com isso, por exemplo, que o repouso de espírito e a satisfação interior que sentem em si mesmos os que sabem que nunca deixam de dar o melhor de si, tanto para conhecer o bem quanto para adquiri-lo, é um prazer sem comparação mais doce, mais durável e mais sólido que todos aqueles que provêm de outro lugar..."

As paixões da alma (1649)
Art. 152
(AT, t. XI, p. 445; Alq., t. III, pp. 1.066-7; MF, p. 135)

"Por qual causa podemos estimar a nós mesmos.

"E, como uma das principais partes da sabedoria é saber de que forma e por qual causa cada um deve estimar-se ou desprezar-se, procurarei dizer aqui minha opinião a esse respeito. Observo em nós apenas uma única coisa que nos pode dar justa razão para nos estimarmos, a saber: o uso de nosso livre-arbítrio e o domínio que temos sobre nossas vontades. Pois as ações que dependem desse livre-arbítrio são as únicas pelas quais podemos com razão ser louvados ou censurados, e ele nos torna de alguma forma semelhantes a Deus ao fazer-nos senhores de nós mesmos, desde que por covardia não percamos os direitos que nos dá."

Art. 212
(AT, t. XI, p. 488; Alq., t. III, p. 1.103; MF, p. 174)

"*Que é apenas delas [as Paixões] que dependem todo o bem e todo o mal desta vida.*

"De resto, a alma pode ter seus prazeres à parte. Mas, quanto aos que lhe são comuns com o corpo, dependem inteiramente das Paixões, de forma que os homens que elas mais podem emocionar são capazes de desfrutar de mais doçura nesta vida. É verdade que também podem encontrar mais amargura, quando não sabem empregá-las bem e quando o acaso lhes é adverso. Mas a Sabedoria é útil principalmente no ponto em que ensina a dominá-las tão bem e a manejá-las com tanta habilidade que os males que causam são muito suportáveis e até mesmo se obtém alegria de todos eles."

Bibliografia

Esta bibliografia sumária limita-se a obras em francês, português e inglês facilmente acessíveis em livrarias ou bibliotecas.

Sendo gigantesca a bibliografia cartesiana, para pesquisas mais aprofundadas consultar-se-ão:

– Sebba G.: *Bibliographia Cartesiana. A Critical Guide to the Descartes Literature*, 1800-1960, Haia, Nijhoff, 1964.
– Curley E. M. et alii: *Bibliography of Descartes Literature 1960-1970*, pp. 223-43 em H. Caton, *The Origin of Subjectivity. An Essay on Descartes*, New Haven-Londres, Yale University Press, 1973.
– "Descartes: bibliografia", *Cadernos espinosanos*, nº 6, São Paulo, 2001, pp. 95-112.
– Desde 1970, o *Bulletin cartésien* que aparece a cada ano na revista *Archives de philosophie*.

As datas da primeira edição estão [entre colchetes].

Obras de Descartes

Œuvres de Descartes por C. Adam e P. Tannery, 11 vol., nova apresentação por B. Rochot e P. Costabel, Paris, Vrin-CNRS, 1964-1974 (edição republicada em 11 vol. no formato de bolso, Paris, Vrin, 1996).

Descartes, Œuvres et Lettres, por A. Bridoux, Paris, Gallimard, coleção "La Pléiade", 1937 (está anunciada uma nova edição de Descartes nesta mesma coleção).

Obras escolhidas: Discurso do método, As paixões da alma, Meditações, Objeções e respostas, Cartas, tradução de J. Guinsburg e B. Prado Jr., São Paulo, coleção "Os Pensadores", várias edições.

Traduções dos Princípios da filosofia

Princípios da filosofia, tradução de A. Ferreira, Lisboa, Guimarães Editores, [1960], 1995 (parte I).
Princípios da filosofia, tradução de L. R. dos Santos, Lisboa, Presença, 1995 (parte I).
Princípios da filosofia, tradução de I. Marcelino e T. Marcelino, Porto, Porto, 1995 (parte I).
Princípios de filosofia, tradução de J. Gama, Lisboa, Edições 70, 1997.
Princípios da filosofia, tradução do Seminário Filosofia da Linguagem, *Analytica*, vol. 2, nº 1, Rio de Janeiro, 1997 (art. 1-24); vol. 3, nº 2, 1998 (art. 25-50).

Biografia de Descartes

Baillet A.: *La vie de Monsieur Descartes*, 2 vol., Paris, Horthemels, 1691 (reimpressão Genebra, Slatkine, 1970).
Gaukroger S.: *Descartes. Uma biografia*, Rio de Janeiro, Eduerj-Contraponto, 1999.
Rodis-Lewis G.: *Descartes*, Rio de Janeiro, Record, 1996.
Sacy S.-S. de: *Descartes*, Paris, Seuil, [1956], 1996.

Obras de iniciação ao pensamento de Descartes

Alquié A.: *A filosofia de Descartes*, Lisboa, Presença, 1980.
Beyssade M.: *Descartes*, Lisboa, Ed. 70, 1983 (com seleta de textos).
Cottingham J.: *A filosofia de Descartes*, Lisboa, Edições 70, 1989.
Guenancia P.: *Descartes*, Rio de Janeiro, J. Zahar, 1991.
Koyrè A.: *Considerações sobre Descartes*, Lisboa, Presença, 1980.
Kujawski G. de M.: *Descartes existencial*, São Paulo, Herder-Edusp, 1969.
Leopoldo e Silva F.: *Descartes: a metafísica da modernidade*. São Paulo, Moderna, 1993 (com seleta de textos).
Mesnard P.: *Descartes ou le combat pour la vérité*, Paris, Seghers, [1966], 1974 (com seleta de textos).

Pascal G.: *Descartes*, São Paulo, Martins Fontes, 1990.
Philonenko A.: *Reler Descartes. O gênesis do pensamento francês*, Lisboa, Instituto Piaget, 1996.
Rodis-Lewis G.: *Descartes e o racionalismo*, Porto, Rés, 1979.
Rodis-Lewis G.: *Descartes, textes et débats*, Paris, Le Livre de poche, 1984 (com seleta de textos e comentários).

Estudos de conjunto sobre o pensamento de Descartes

Alquié F.: *La découverte métaphysique de l'homme chez Descartes*, Paris, PUF, [1950], 1991.
Beyssade J.-M.: *La philosophie première de Descartes*, Paris, Flammarion, 1979.
(Coletivo): *The Cambridge Companion to Descartes*, ed. J. Cottingham, Cambridge, Cambridge University Press, 1992.
Gouhier H.: *La pensée métaphysique de Descartes*, Paris, Vrin, [1962], 1987.
Gueroult M.: *Descartes selon l'ordre des raisons*, 2 vol., Paris, Aubier, [1953], 1968.
Laporte J.: *Le rationalisme de Descartes*, Paris, PUF, [1945], 1988.
Loparic Z.: *Descartes heurístico*, Campinas, IFCH-Unicamp, 1997.
Marion J.-L.: *Sur la théologie blanche de Descartes*, Paris, PUF, [1981], 1991.
Rodis-Lewis G.: *L'œuvre de Descartes*, 2 vol., Paris, Vrin, 1971.
Rosenfield D. L.: *Descartes e as peripécias da razão*, São Paulo, Iluminuras, 1986.

Sobre os Princípios da filosofia e/ou a ciência cartesiana

Ariew R.: "Descartes and the Tree of Knowledge", *Synthèse*, 1992.
Bastos Filho J. e Xavier R. M.: "Conflitos entre os *Principia* de Newton e os *Principia* de Descartes", *Cadernos de história e filosofia da ciência*, série 2, vol. 1, nº 1, Campinas, 1989.
Beyssade J.-M.: "L'Ordre dans les Principia", *Les Études philosophiques*, 1976.
Carraud V. e de Buzon F.: *Descartes et les Principia II. Corps et mouvement*, Paris, PUF, 1994.

Clarke D.: "Physique et métaphysique chez Descartes", *Archives de philosophie*, 1980.

Clarke D.: *Descartes' philosophy of science*, Manchester, Manchester University Press, 1982.

(Coletivo): *Descartes 400 anos. Um legado científico e filosófico*, ed. S. Fuks, Rio de Janeiro, Relume Dumará, 1997.

(Coletivo): *Descartes: Principia Philosophiæ (1644-1994), Atti del Convegno per il 350° anniversario della pubblicazione dell'opera*, ed. Armogathe J-R. e Belgioioso G., Nápoles, Vivarium, 1996.

Costabel P.: *Démarches originales de Descartes savant*, Paris, Vrin-reprise, 1982.

Garber D. e Cohen L.: "A point of order: analysis, synthesis and Descartes' Principles", *Archiv für Geschichte der Philosophie*, 1982.

Garber D.: *Descartes' metaphysical physics*, Chicago e Londres, University of Chicago Press, 1992.

Garber, D.: "Descartes, matemática e o mundo físico", *Analytica*, vol. 2, nº 2, Rio de Janeiro, 1997.

Kobayashi M.: *A filosofia natural de Descartes*, Lisboa, Instituto Piaget, 1995.

Martinet M.: "Un manuel subversif, la 'Somme philosophique' de René Descartes", *Europe*, 1978.

Milhaud G.: *Descartes savant*, Paris, Alcan, 1921.

Nadler S.-M.: *Deduction, confirmation and the laws of nature, in Descartes' Principia Philosophiæ, Journal of the History of Philosophy*, 1990.

Tournadre G.: *L'orientation de la science cartésienne*, Paris, Vrin, 1982.

Wickes H.-J. e Crombie A.-C.: *L'expérience dans la philosophie naturelle de Descartes*, pp. 65-79 em *Problématique et réception du Discours de la méthode et des Essais*, ed. H. Mechoulan, Paris, Vrin, 1988.

Sobre a moral de Descartes

Beyssade J.-M.: *Sur les "trois ou quatre maximes" de la morale par provision*, pp. 135-53 em *Descartes: il metodo e i saggi. Atti del Convegno per il 350° anniversario della pubblicazione del Discours de la méthode...*, 2 vol., Roma, Istituto della Enciclopedia Italiana, 1990.

Gouhier H.: *Essais sur Descartes*, Paris, Vrin, [1937], 1949 (mais particularmente capítulos 5 e 6).

Grimaldi N.: *Descartes. La morale*, Paris, Vrin, 1992 (seleta de textos comentados).

Grimaldi N.: *Six études sur la volonté et la liberté chez Descartes*, Paris, Vrin, 1988 (mais particularmente capítulos 3 e 6).

Kambouchener D.: *L'homme des passions*, 2 vol., Paris, Albin Michel, 1995.

Leopoldo e Silva F.: "Sobre a noção de sabedoria em Descartes", *Analytica*, vol. 2, nº 2, Rio de Janeiro, 1997.

Leopoldo e Silva F.: "Transformação da noção de beatitude em Descartes", *Discurso*, nº 24, São Paulo, 1994.

Mattos C. L. de.: "A moral provisória de Descartes e o método", *Revista brasileira de Filosofia*, vol. 7, nº 26, São Paulo, 1957.

Mesnard P.: *Essai sur la morale de Descartes*, Paris, Boivin, 1936.

Rocha E. M.: "Prudência da vontade e erro em Descartes" pp. 325-37 em *Verdade, conhecimento e ação. Ensaios em homenagem a Guido Antônio de Almeida e Raul Landim Filho*, ed. E. da R. Marques, E. M. Rocha, L. Levy, L. C. Pereira, M. A. Gleizer e U. Pinheiro, São Paulo, Loyola, 1999.

Rodis-Lewis G.: *La morale de Descartes*, Paris, PUF, [1957], 1970.

Teixeira L.: *Ensaio sobre a moral de Descartes*, São Paulo, Brasiliense, [1955], 1990.

Cromosete
Gráfica e editora ltda.

Impressão e acabamento.
Rua Uhland, 307 - Vila Ema
03283-000 - São Paulo - SP
Tel./Fax: (011) 6104-1176
Email: cromosete@uol.com.br